Renate Rauch

Eine Leiche im Keller

und andere Geschichten
aus dem Amtsgericht

Jaron Verlag

Originalausgabe
1. Auflage 2005

Umschlaggestaltung: Bauer + Möhring, Berlin
Satz: Pinkuin Satz und Datentechnik, Berlin
Druck und Bindung: Clausen & Bosse, Leck
ISBN 3-89773-519-9

Inhalt

Vorwort

Der hat eine Leiche im Keller, sagt man. Der hat was auf dem Kerbholz, soll das heißen, Dreck am Stecken, irgendeine krumme Sache, die im Verborgenen bleiben will. 43 Fälle aus dem Kriminalgericht Moabit sind hier versammelt, keine Morde, keine Kapitalverbrechen – Amtsgerichtsprozesse sind Tribunale der Kleinkriminalität, Strafmaximum vier Jahre Gefängnis, meistens viel weniger. Wenn über Tote gesprochen wird, dann handelt es sich um jene unglückseligen Fälle von Fahrlässigkeit, die der Angeklagte am liebsten ungeschehen machen würde.

Freilich trifft man dort auch auf fiese Typen, prügelnde Ehemänner, brutale Hundehalter, gemeine Hausbesitzer, aber hauptsächlich ist das die Bühne der Unglücksraben und Pechvögel, der Gestrauchelten und Gefallenen, der Säufer und Dilettanten der Lebenskunst, denen das Glück des Tüchtigen nicht lacht. Schwarzfahren und Schwarzarbeit, Betrügerei und Beleidigung, geklaute Cocktailgläser, demolierte Nasenbeine, geschmähte

Liebhaber – es ist die Stunde der Kleindarsteller in diesem En-suite-Stück vom Gesetzesbruch, und die Szenen darin sind manchmal komisch.

Das Tragische im Amtsgericht ist nicht die Tat, sondern das verpfuschte Leben. Auf die Frage nach dem Beruf ist die Antwort allzu oft: arbeitslos. Zur Erklärung der Verfehlung heißt es: der Alkohol. Wer sich von seinen Sehnsüchten verabschiedet hat, flüchtet in die Betäubung. Im Suff verwandelt sich das Gefühl der Unterlegenheit und der Verzweiflung in Wut – gegen jeden, der in die Quere kommt, egal ob Ausländer oder Staatsmacht. Mit Letzterer ist nicht gut anlegen. Es gäbe weniger Prozesse, würden die Polizisten bei ihren Einsätzen öfter mal ein paar Beschimpfungen überhören und die Delinquenten beschwichtigen, statt sich wie beleidigte Primadonnen für jedes »Du Bulle!« mit einer Anzeige zu revanchieren.

180 Amtsrichter tun im Moabiter Justizpalast in der Turmstraße ihre Arbeit und sind dabei nicht nur Jurist, sondern auch Lehrer, Vater, Therapeut. Die Akten sind nach Buchstaben verteilt: alle Müllers zu dem Richter, der das M verwaltet, alle Lehmanns zu der Richterin, die für das L zuständig ist. Öfter kennen die Vorsitzenden ihre Pappenheimer, und das Wiedersehen ist getrübt, war doch alle Ermahnung, alle Milde, alle Strenge vom letzten Mal zwecklos. Manchmal jammert es die unfehlbare Gerichtsbarkeit aber auch in tiefster Seele, das Häufchen Elend auf dem Angeklagtenstuhl hinter Gitter

zu bringen, weil sich auf dessen Schuldkonto so viel angesammelt hat, dass beim besten Willen keine Bewährung mehr drin ist. Dann rettet sie sich vor dem eigenen Mitleid mit dem harschen Satz: Ich bin nicht hier, um Gnade zu sprechen, sondern Recht. Für Barmherzigkeit gibt es keinen Paragraphen.

*

Der vorliegende Band enthält eine Auswahl von Gerichtskolumnen, die seit dem Sommer 2000 jeweils am Wochenende im Magazin der Berliner Zeitung erschienen. Die Geldstrafen in den Verhandlungen vor 2002 wurden in D-Mark verhängt und wurden in den entsprechenden Texten so belassen. Die Namen der Beschuldigten sind geändert.

Eins

Der Tod der kleinen alten Dame

Ich hab die alte Dame erst gesehen, als sie durch die Luft flog, sagt Zeugin zwei. Die alte Dame war sehr klein, kaum größer als die Autos, zwischen denen sie hervortrat, sagt Zeuge eins. Ich hab gesehen, dass der Unfall unvermeidlich ist. Da war es auch schon passiert, sagt Zeuge drei.

Die kleine alte Dame war 84 Jahre, als sie an einem Morgen im August 1999 gegen acht Uhr die Mecklenburgische Straße in Wilmersdorf überqueren wollte. Sie kam nicht bis zur anderen Seite. Auf der linken Spur wurde sie von einem Auto erfasst und in die Luft geschleudert. Man hat versucht, sie zu retten, doch am Nachmittag um 15.21 Uhr war die kleine alte Dame tot.

Ihr Tod spielt keine Rolle vor Gericht, ihr Leben schon gar nicht. Woher sie kam, ob sie aus dem Bus ausgestiegen war, warum sie nicht an der Ampel über die Straße ging, ist nicht relevant. Wohin sie wollte, ob jemand auf sie wartete und später um sie trauerte, interessiert nicht. Ob sie taub war oder sehschwach, geistig verwirrt oder lebensmüde, gehört nicht zur Sache. Das letzte Mal brachten die ermittelnden Polizisten ihrer Leiche Interesse entgegen, als sie vom Obduktionsbefund Aufschluss darüber verlangten, was den Tod verursacht hat. Es war kein Herzinfarkt oder Schlaganfall; schuld waren der Zusammenprall mit dem Auto, der Flug durch die Luft, die Kopfverletzung, als die Dame auf das Pflaster schlug.

Das Auto war ein Chrysler. Eine junge Frau fuhr ihn, etwa mit Tempo fünfzig, sie war auf dem Weg zur Arbeit. Sie war zu Hause in ihr Auto gestiegen wie Tausende andere Berliner auch. Mit allen möglichen Gedanken vielleicht, nur nicht mit dem, dass das Fortbewegungsmittel zum Tötungsinstrument werden kann, wenn der Zufall es will. Wer denkt diesen Gedanken schon, wenn er sich ins Auto setzt? Der Zufall wollte es, dass Frau S. in der linken Fahrspur fuhr, als die kleine alte Dame die Straße betrat, ohne sich um den Verkehr zu scheren. Der Fahrer des Renaults in der rechten Spur hupte und konnte noch bremsen. Für Frau S. änderte sich an diesem Morgen gegen acht das Leben von einer Sekunde auf die andere. Ihr Auto hatte einen Menschen getötet.

Frau S. hatte einen Schock, sie kam ins Krankenhaus, sie war im zweiten Monat schwanger. Das Mädchen ist jetzt vier Monate und gesund.

Frau S. ist 32 Jahre alt, blond, von stabilem Körperbau und hat ein klares, helles Gesicht. Eine verlässliche Erscheinung. Wie sie das Jahr zwischen Unfall und

Prozess überstand, will das Gericht nicht wissen. Dem Richter genügt zu sehen, dass das Ereignis an ihr nicht spurlos vorübergegangen ist. Auch in der Pause auf dem Gerichtskorridor will Frau S. nicht sprechen. Sie schüttelt den Kopf und bekommt harte Augen. Es soll vorbei sein, egal wie es ausgeht, sagt sie. Und dass der Prozess, der ihre Schuld oder Unschuld am Tod der kleinen alten Dame feststellen soll, vor allem eine technische Sache sei.

Tatsächlich muss Frau S. den Eindruck haben, dass es hier nicht um ihre Person geht, sondern um Meter und Sekunden. Man beugt sich über die Unfallskizze. Wie ist die Dame denn zum Liegen gekommen? Die Dame lag hier irgendwo. Fuhr der Chrysler neben dem Renault oder versetzt? Konnte Frau S. die alte Dame rechtzeitig sehen?

Zeuge eins, der Fahrer des Renaults, berichtet, die alte Dame habe den Kopf gesenkt gehalten, wie in Gedanken, sie sei nicht zusammengezuckt, als er hupte, sondern einfach weitergegangen. Zeuge drei, ein stattlicher Mann von 57 Jahren, sagt, sie habe nicht gebrechlich gewirkt, sei normalen Schrittes über den Damm gegangen. Er macht es vor, schreitet vor dem Richtertisch zweimal kräftig auf und ab. Beide Zeugen meinen, Frau S. habe keine Chance gehabt, den Zusammenprall zu vermeiden. Der Sachverständige schließt aus den Messungen auf das Gegenteil. Der Richter gibt zu, dass ihm dieser Unfall auch hätte passieren können und er am liebsten gar nicht strafen würde. Aber das dürfen wir doch nicht machen, es ist das teuerste Rechtsgut verletzt, das Leben, sagt er. Er bestätigt den Fahrlässigkeitsvorwurf, aber »an der unteren Grenze«. Frau S. muss 1200 Mark Strafe zahlen. Frau S. weint. Ich bin nur froh, dass es kein Kind war, sagt sie.

Zwei

Suff am Alexanderplatz

Wenn er nicht gerade einsitzt wie jetzt, ist J. F. Stammkunde auf dem Alex, in der Nähe diverser Imbisse. Wenn's schön ist, bleibt er draußen, wenn's regnet, verzieht er sich nach unten auf den Bahnsteig der U 2. J. F. trägt zottlige Haare, einen wilden Bart und hat einen Stoffbeutel mit Biervorrat bei sich, seine tägliche Ration Glück und Verhängnis.

Wenn J. F. getrunken hat, stört ihn die Fliege an der Wand. Einmal störte ein Demonstrant seine Kreise, er hatte ein Plakat dabei und verteilte Handzettel. J. F. war gereizt von dem Rummel, ein Anzugmann kam vorbei, der mit der ganzen Sache gar nichts zu tun hatte, aber diese ihm unendlich ferne Erscheinung aus der Businesswelt brachte J. F. zum Explodieren: Verpiss dich, du Schwein! Er schubste, schlug, die Brille lag am Boden.

Ein Gutachter hat J. F. eine frühkindliche Hirnstörung bescheinigt, eine Hirnleistungsschwäche und eine misanthropische Lebenshaltung dazu, die er eben wegtrinkt, Entlastungstrinken nennt man das. Der Alkohol geht mit dem leistungsschwachen Hirn eine unheilige Allianz ein. Wenn J. F. trinkt, beherrscht er die plötzlich aufkommenden Gefühle nicht, Ärger, Wut, Neid, und sein Gedächtnis, das eigentlich Alarm schlagen, das ihm sagen müsste, hör auf, du bist wieder im Unrecht und du ziehst wieder den Kürzeren, versagt. J. F. ist uneinsichtig, unbelehrbar, ein hoffnungsloser Fall.

Am 6. Oktober 2000 muss schlechtes Wetter gewesen sein, J. F. war unten auf dem U-Bahnsteig. Da stand auch Fatma, sie wartete auf ihre Freundin Miriam, doch die hatte sich verspätet, weswegen Fatma durchs Handy anfragte, wo sie bleibe. J. F. fühlte sich wieder einmal gestört: Det Telefon, weil da jeder telefoniert. Er beschimpfte Fatma: Kanake, arabische Schlampe, Scheißausländerin.

Ich bin Türkin, sagt Fatma, also Deutsche. Ich kenn das schon, ich bin immer die Ausländerin. Hab ich mir gesagt, bleib ruhig.

Aber dann lallte J. F., er wolle sie umbringen, und gab ihr einen Tritt gerade in dem Moment, als die Bahn einfuhr. Fatma dachte, er wollte sie vor die U-Bahn stoßen.

Darf ick noch was sagen, fragt J. F.

Er darf.

Arabisch, det hör ick zum ersten Mal. Det ick det Wort arabisch jesagt hab, weeß ick nich, türkisch ja, türkisch hab ick vastanden, denn die Sprache is international in janz West-Berlin.

Im Gefängnis hat man J. F. zurechtgestutzt, kurzer Kopf, kleiner Oberlippenbart. Alles an dem Mann ist hell, die Haarstoppeln, die Wimpern, die Augen, hellblau auch die Jeansjacke, weiß der Pullover mit dem Rollkragen, steif wie eine Halskrause, die ihn hindert, den Kopf zu senken, als er sagt: Ick wollte mich offiziell entschuldigen. Ick war besoffen. Ick saß hinten uff de Bank bei der Imbissbude. Ick hatte 'n Stoffbeutel mit Bier und 'ne halbe Flasche. Ick hatte schon früh anjefangen. Dass ick se umbringen wollte, det war, weil ick im Suff war.

Sie sagen immer solche Sachen im Suff, sagt der Richter.

Komm ick uff Bewährung raus?

Das ist nicht zu erwarten.

Ooooch.

Der Richter gibt ihm vier Monate. Die Straftaten, die Sie begehen, sagt er, sind völliger Unsinn. Die Folgen sind meist gering. Aber mit Bewährung geht jetzt nichts mehr. Bevor die Zeit um ist, kommt jedes Mal ein neuer Ausrutscher.

So summiert sich die Zeit, die J. F. abzusitzen hat, selbst wenn das Gericht beim Zusammenziehen mehrerer Strafen ein paar Monate unter den Tisch fallen lässt.

Bis Jahresende muss J. F. sowieso noch im Gefängnis bleiben. Er stöhnt: Vier Monate dazu, dann ist meine Wohnung weg. Und wer hilft mir dann?

Niemand hilft, J. F. ist nicht zu helfen. Es wird immer so weitergehen, bis es eines Tages nicht mehr geht. Seine Zukunft wird als ungünstige Sozialprognose umschrieben. Vielleicht, sagt der Richter tröstend, gibt's ja 'ne Weihnachtsamnestie.

DREI

Der geschmähte Liebhaber

Giuseppe, Giuseppe, entrate, ruft der Richter. Grazie, buongiorno, ruft es von draußen zurück. Es schreitet in den Raum Don Giuseppe, ein schlanker junger Mann von dreißig Jahren im taillierten Kurzmantel, stolz wie ein Edelmann, gerade wie ein Tangotänzer, er tritt herein mit grazilem Schritt, das dunkle Haupt erhoben, die Nase kühn, die untere Hälfte des Antlitzes von einem kunstvoll rasierten dunklen Bartmuster gezeichnet – der Angeklagte. Neben Don Giuseppe rollt der Dottore in den Saal, ein weites Gewand umflattert weich seine kugelige Gestalt – der Dolmetscher.

Der Dottore lacht, und Don Giuseppe lächelt siegesgewiss, das kann lustig werden. Der Richter wedelt mit einem giftig pinkfarbenen Blatt: Haftbefehl, das ist gar kein Spaß, was heißt Haftbefehl, Dottore?

Haftbefehl? Mandato di cattura. Der Dottore nimmt das giftige Blatt an sich.

Na, wolln mal sehen, sagt der Richter. Vorstrafen sind keine, aber ein Suchbefehl. Sie waren im August nicht da, zur Hauptverhandlung. Kein Angeklagter, nur die Dolmetscherin, Marcella. Kenn ich schon lange, Marcella, er spricht den Namen so inbrünstig italienisch, als wolle er ihn liebkosen.

Marcella, jaja, Konkurrenz, sagt der Dottore.

Nun sind Sie ja hier, tröstet der Richter den Angeklagten. Aber was für eine schreckliche Tat hat Giuseppe begangen, dass er notfalls vorgeführt werden muss, mit Haftbefehl?

Es ging um l'amore, natürlich, was sonst würde zu Don Giuseppe passen, dem Kellner aus der Pizzeria? Es hatte zu tun mit Eifersucht und Mannesehre, mit kochendem Blut und gekränktem Stolz. Eine alte Geschichte, vier Jahre alt, Giuseppe will nichts mehr damit zu tun haben, nonono. Eine andere Frau ist inzwischen in sein Leben getreten, mit ihr hat er ein Kind, das ist zwei.

Franca, die Frau von damals, wäre längst vergessen, wenn nicht die Polizei da gewesen wäre. Die nahm Giuseppe mit und sperrte ihn für einen Tag ein. Das war Missbrauch, empört er sich, es gab keinen Grund, mich festzuhalten!

So wäre auch das geklärt.

Acht Monate lebten Franca und Giuseppe wie die Tauben, doch eines Tages war der Kellner nicht mehr erwünscht in Francas Leben. Es war aus. Die Geliebte gab dem Liebhaber den Laufpass. Laufpass – kennen Sie das Wort, Dottore?

Natürlich, sagt der Dottore: Auf Wiedersehen.

Auf Wiedersehen? Auf Nimmerwiedersehen!

Franca warf Giuseppe aus der Wohnung, in der sie ihn acht Monate lang nicht angemeldet hatte, zu klein für einen Untermieter, es war nur ein Zimmer. Eine unwesentliche Formsache in Giuseppes Augen, das war seine Adresse, da hatte er ein Recht erworben. Da schloss er mit seinem Nachschlüssel die Tür auf, schloss sie wieder zu und sperrte Franca mit sich ein.

Ich hab uns eingeschlossen, weil sie sich sonst alleine eingeschlossen hätte, sagt Giuseppe. Ich wollte nur reden. Ich habe sie nicht angefasst!

Was, nicht angefasst, empört sich der Staatsanwalt. Und hat sie denn nicht auf dem Fensterbrett gesessen, und haben Sie ihr nicht an die Hüfte gefasst, wie es im Polizeiprotokoll steht?

Jetzt springt der Richter ins dramatische Fach und in die Haut des geschmähten Liebhabers: Wenn du nicht zu mir zurückkehrst, deklamiert er drohend, werfe ich dich aus dem Fenster und mich hinterher! Und leise, ans Publikum gewandt: Ich nehme mal an, es war eine Parterrewohnung.

In Cosenza sind Sie geboren, fragt er Giuseppe. Wo liegt denn dieses Cosenza, ist das nicht in Kalabrien?

Sí, Kalabrien. Don Giuseppe nickt.

Na also, sagt der Richter, Kalabrien, da macht man noch ganz andere Sachen, wenn man den Laufpass kriegt. Ist ja lächerlich, er hebt wieder die Stimme, die wollte ihn loswerden, das hat der noch nie erlebt, dass der den

Laufpass kriegt. Und zum Staatsanwalt: Ich schlage vor, wir beerdigen die Geschichte und stellen das ein.

Der Staatsanwalt ziert sich, er will wenigstens eine kleine Buße.

Also gut, eine kleine Buße.

Er soll, der Richter spricht jetzt in der dritten Person von Giuseppe, auf die Bank gehen und 150 Mark bringen. In bar. Sonst hole ich Franca, und wenn die sich erinnert, kann er zwei Jahre kriegen. Also 150 Mark her, und die Sache ist erledigt.

Basta!

Vier

Für alles muss man bezahlen

Khaled ist im Libanon geboren, heute wohnt er mit der Familie in Wedding. Fünf Leute, sagt er, leben von seinen neunhundert Mark. Khaled hat bei der Behörde einen gefälschten palästinensischen Flüchtlingsausweis vorgelegt. Es entspinnt sich ein Frage- und Antwortspiel, das deutlich macht, wie schwierig es ist, dieselbe Sprache zu sprechen, selbst wenn ein Dolmetscher dabei ist.

Warum haben Sie sich die falsche Identitätskarte besorgt, fragt die Richterin.

Ich bin mit dem Reisepass nach Deutschland gekommen, und es ist allen bekannt, dass die Schleuser den Pass wegnehmen.

Wie sind Sie an den Ausweis gekommen?

Im Libanon. Im Flüchtlingslager für staatenlose Palästinenser. Wir konnten nicht raus, aber es gab ein Büro und Leute, die konnten die Dokumente beschaffen. Die haben sich an uns gewandt.

Wie hat sich das abgespielt?

Wir haben Namen gesagt und ein Passbild gegeben.

Haben die sich ausgewiesen? Wenn irgendwelche Leute in meine Wohnung kommen und mir Ausweise verschaffen wollen, müssen die sich doch ausweisen, sagt die Richterin.

Was soll Khaled darauf sagen?

Haben Sie etwas dafür bezahlt?

Im Libanon müssen Sie für alles bezahlen.

Wie lange dauert es?

Drei Tage bis eine Woche. Wenn man mehr Geld bezahlt, geht es schneller.

Und wenn Sie direkt zu den Behörden gehen?

Wenn ein Libanese hingeht, dauert es einen Tag, wenn ich persönlich gehe, dauert es ein Jahr.

Woher wissen Sie, dass das ein Jahr dauert?

Es gab Leute, die haben es versucht. Wenn man gute Beziehungen zu den Behörden hatte, dann ist es gelungen.

Hätte die Behörde anhand der Daten erkennen können, dass Sie zu dieser palästinensischen Volksgruppe gehören? An Ihrem Namen?

Ich hätte verhaftet werden können.

Wo hätten Sie bei den libanesischen Behörden den Ausweis beantragen müssen?

Normalerweise in Beirut, weil da die Hauptakte liegt.

Dieses Lager, konnte man da raus, wie man wollte?

Ich arbeitete außerhalb des Flüchtlingslagers. Ich hatte einen Schein. Ich musste aber um zwanzig Uhr drin sein.

Dann ist das so wie hier, wenn Sie Berlin zugeteilt sind und nach Brandenburg wollen. Da brauchen Sie auch einen Schein.

Nein, es gibt einen Unterschied. Dort, wenn der Kontrolleur will, komme ich durch, wenn nicht, bleibe ich. Wenn ich zahle, komme ich vielleicht durch. Es kommt darauf an, wie die politischen Verhältnisse sind und welche Partei bei dem Konvoi die Kontrolle hat.

Hat das Büro mit der Lagerleitung zusammengearbeitet?

Nein.

Also waren die nicht autorisiert, ins Lager zu kommen und mit Leuten zu sprechen?

Ich verstehe, was Sie wollen, sagt Khaled, Sie wollen nicht wissen, wie die Lage dort war. Manchmal haben wir Gras gefressen.

Haben alle das Büro in Anspruch genommen?

Es gab noch ein anderes Büro außerhalb des Lagers. Das konnte auch Visa ausstellen. Das war besser, aber teurer.

Wenn Sie dem Vermittler das Foto und die Personalien gegeben haben, wie sollten die Beamten bei der Behörde merken, ob die übereinstimmen?

Ein Beamter bekommt zweitausend Lire im Monat. Jetzt kommt der Vermittler und gibt ihm dreitausend. Da interessiert ihn überhaupt nicht, ob die Person im Libanon existiert oder nicht.

Also Bestechung.

Alle verdienen Geld dabei.

Aber der Staat?

Es gibt keinen Staat. Welchen Staat meinen Sie im Libanon?

Nichts ist normal dort, außer Bakschisch, sagt der Verteidiger. Wir verschließen die Augen, wenn wir das nicht sehen.

Die Richterin urteilt nach deutschem Recht. Khaled habe die Urkundenfälschung billigend in Kauf genommen, beschließt sie und legt die Strafe fest: 600 Mark.

In Deutschland zahlt man hinterher.

Fünf

Alter schützt vor Torheit nicht

Zwölf Uhr mittags. Die Uhr an der Wand zertackert die Langeweile der Verhandlungspause, wenn der Zeiger weiterspringt. Vor der offenen Tür von Saal 504 stehen die Gerichtsdiener in ihren schlecht sitzenden Hosen und reden über Freizeit. Die Protokollführerin wirft sich aus einer knisternden Tüte mit schnellfeuerartiger Geschwindigkeit Futter in den Mund. Der Staatsanwalt sieht gebannt zu. Der Verteidiger liest den Tagesspiegel. Der Richter hat sich zurückgezogen – er rechnet. 244 Fälle gewerbsmäßigen Betrugs stehen in der Anklage, ein paar gehören dort nicht hin, die muss er jetzt herauszählen.

Der Betrüger steht mit seiner Frau im Flur. Ihr Kostüm ist sandsteinfarben, das Haar locker aufgesteckt. In dem feinen Gesicht blinzeln die Augenlider zu schnell. Sie hält ihren Mann zärtlich bei der Hand. Der Mann trägt anthrazitfarbenes Tuch und schlohweißes Haar. Bald wird er 76.

Er ist ihr Geschäftsführer, ihr Prokurist, schon seit dreißig Jahren. Sie ist seine dritte Frau, fünfzehn Jahre jünger und die Inhaberin der Firma für Kuvertieren, Adressieren, Frankieren. Sie haben acht Angestellte und drei Frankiermaschinen. Wenn die Kunden ihre Werbe- oder Infopost bei ihnen frankieren lassen, zahlen sie das Porto in Vorkasse. Für die Frankiermaschine kauft der Geschäftsführer bei der Post eine Wertkarte, also quasi die Briefmarken, zum Beispiel für zehntausend Mark. Die Karte steckt er in die Maschine, und die frankiert so lange, bis der Wert erschöpft ist. Dann muss eine neue Wertkarte gekauft werden. Eines Tages nun entdeckte der alte Herr, dass das Zählwerk an der Maschine nicht verplombt war, sich also verstellen ließ. Er manipulierte, die Maschine frankierte, er kassierte. Wieder und wieder, er konnte nicht aufhören. Ich hatte die ganze Zeit panische Angst, sagt er vor dem Richter. Es war mir klar, dass der Post das irgendwann auffällt.

Und so war es dann auch.

370 000 Mark sollen zusammengekommen sein. Es sei keine gute Zeit für Aufträge gewesen, sagt er. Kurz nach der Wende war die Firma in den Osten übergesiedelt, doch bald kam »die Rezession«. Der alte Herr und seine Frau ließen sich ihre Lebensversicherungen auszahlen, sie steckten die Altersvorsorge in die Firma. Über die manipulierte Maschine sagte der Mann der Frau kein Wort. Ich erfuhr davon, sagt sie, als die Polizei kam und mein Mann sich mir offenbarte. Erst da konnte ich mir vorstellen, was er durchgemacht hat. Weil es so ganz gegen sein Wesen ist.

Der Mann hat 75 Jahre als korrekter Mensch gelebt, ohne Konflikt mit dem Gesetz.

Die Anklage zählt jeden einzelnen Frankierauftrag als Betrug, an manchen Tagen waren das mehrere. 244 Fälle. Nummer 168 zum Beispiel vom 23. 3. 2000 brachte 640,61 Mark für 1363 Stück Infobrief Standard sortiert.

Der alte Herr gibt alles zu. Ich schäme mich, sagt er, und seine Stimme zittert. Er sagt aber auch, in der Liste der Post fänden sich ordnungsgemäß frankierte Aufträge, die ihm fälschlicherweise zur Last gelegt worden seien. Er könne das nachweisen. Unsicheren Schrittes geht er zum Richtertisch. Aber als er den Richter durch die Belege und Akten dirigiert, wird seine Stimme fest und überlegen. Der Kaufmann spricht.

Dreizehn Uhr. Die Plädoyers könnten gehalten werden. Doch jetzt rechnet der Staatsanwalt. Wieder ist Pause. Ein Gerichtsdiener holt seine Stullenbüchse. Die Schöffen stehen nutzlos im Saal und reden über ABM. Auf der Bank im Korridor sitzt das alte Paar Hand in Hand. Er hält die Augen geschlossen und das weiße Haupt schräg gegen ihre Schulter geneigt. Der Staatsanwalt zupft sich am Bart und hat einen roten Kopf. Die Uhr klackt.

Um vierzehn Uhr hat der Staatsanwalt fertig gerechnet und Ungeheuerliches herausbekommen: Nach dem Willen des Gesetzes müsste der alte Herr 61 Jahre ins Gefängnis. Denn 122 Fälle legt die Anklage ihm jetzt noch zur Last, und Mindestfreiheitsstrafe für gewerbsmäßigen Betrug sind sechs Monate – sechs Monate für jeden Fall.

61 Jahre sind natürlich absurd, die Höchststrafe beträgt fünfzehn Jahre. Soll man den alten Herrn so lange hinter Gitter stecken? Der Staatsanwalt sieht keinen Sinn darin, ihn wegzusperren. Er beantragt zwei Jahre auf Bewährung. Der Richter folgt dem Antrag. Die Frau tupft sich mit einem weißen Tuch die Augen. Ich denke, er wird es schaffen, in Zukunft straffrei durchs Leben zu gehen, sagt der Staatsanwalt.

Sehr viel Zukunft ist ja nicht mehr.

Sechs

Die gestrichenen Kinder

Du siehst gut aus.

Du auch.

Wie lange haben sie sich nicht gesehen? Sie sind seit dreizehn Jahren geschieden. Sie ist eine flotte Frau von vierzig, Iris-Berben-Typ mit Ermüdungserscheinungen im Gesicht. Er eher teddyhaft, mit dem rückfälligen Lächeln eines unreifen Mittvierzigers. Die Röhrenhosen umspannen seine Waden wie faltige Elefantenhaut, als er vor ihr niederhockt. Sie sitzt auf der Bank und wippt nervös mit den schlanken Beinen. Sie reden leise. Zwischen ihnen ist die Verlegenheit einer getrennten Ewigkeit, in der alles vergangen ist, was Gemeinsamkeit war. Jetzt liegen die Gefühle verschieden. Bei ihm sieht es aus wie Gleichgültigkeit, Unbekümmertheit mindestens. Es ist halt so, wie es ist.

Ja, es tut mir auch sehr Leid. Aber was soll ich sagen, müsst ihr eben klagen.

Und da war doch mal Liebe.

Bei ihr ist milder Zorn: Ich verstehe deine Frau nicht.

Die muss sich auch sagen: Da war doch mal Liebe. Die muss doch Angst haben, dass es ihr mal genauso geht. Dass du sie behandelst wie das letzte Stück Dreck, irgendwann. Du hast die Kinder einfach gestrichen.

Die Kinder sind groß inzwischen. Christoph ist 22, Rebecca wird 20, sie sitzt bei der Mutter. Sie trägt Madonnenscheitel und die gnadenlose Unerbittlichkeit des verlassenen Kindes im Gesicht.

Der Vater hat sich der fortlaufenden Unterhaltszahlung entzogen, immer wieder. Es wurde schon einmal verhandelt, das Verfahren wurde eingestellt, gegen Auflagen. Die hat der Vater nicht erfüllt. Die Richterin will wissen, warum.

Wegen der Waschmaschine, sagt der Mann, Peter, gelernter Tontechniker, wieder verheiratet, wieder Vater. Das Kind ist vier. Ich habe die Auflagen so gut erfüllt, wie ich konnte, sagt er. Ich hatte ein Jahr Arbeit, habe gezahlt ab März. Dann bin ich arbeitslos geworden ab Dezember. Das Arbeitsamt zahlt 2400 Mark, ungefähr. Die Miete macht 1020 Mark, ungefähr. Die Frau arbeitet nicht, sie hat keinen Anspruch auf Arbeitslosengeld. Das Sozialamt wollte die Waschmaschine nicht bezahlen. Peter kaufte den Automaten trotzdem. Das musste sein, sagt er. Es ging nicht, die Alimente zu zahlen. Und Schulden drückten auch noch.

Da war doch mal Geld da, sagt die Exfrau in der Pause zu dem Exmann, als er vor ihr hockt.

Ja, war mal, ist aber nicht mehr, sagt er.

Du hast gesagt, du könntest dich exponieren, sagt die Frau.

Ja, hab ich, sagt der Mann.

Das letzte Mal hast du gesagt, du wirst übernommen, sagt die Tochter.

Ja, hat aber nicht geklappt, sagt der Vater.

Du bemühst dich nicht, sagt die Tochter.

Ich hatte eine super Beurteilung, sagt der Vater.

Ich habe Bewerbungen geschrieben, im Internet gesucht, bin beim Arbeitsamt registriert, bei einer Zeitarbeitsfirma, sagt er in der Verhandlung zur Richterin. Ich kann Ihnen meine letzte Beurteilung zeigen – ach, das interessiert Sie nicht?

Ich habe gearbeitet wie verrückt, sagt die Exfrau, Felicitas, kaufmännische Angestellte. Ich habe alles gemacht, bin umgezogen, ins Ausland gefahren für die Firma, ich hab mich so angestrengt. Und dann ging das ganz gut, aber gerecht ist es nicht, wenn sich jemand so lange seiner Verpflichtung entzieht, auch seiner moralischen gegenüber den Kindern, die so an ihm gehangen haben. Ich bin so stolz auf die Kinder, aber was mir zusteht, darum bitte ich jetzt. Es sind, so rechnet Frau Felicitas, zwischen 23 000 und 25 000 Euro Rückstände pro Kind.

Hier wird nicht entschieden über Ihre Ansprüche, klärt die Richterin Frau Felicitas auf. Die Ansprüche bleiben unbenommen, die müssen Sie beim Zivilgericht einklagen. Hier geht es um die Frage, ob der Angeklagte zu bestrafen ist.

Der Angeklagte kriegt keine Strafe, sondern die Auflage, die laufenden Zahlungen an Tochter Rebecca wieder aufzunehmen. Die geschiedene Frau kriegt nicht das Geld, das ihr zustünde, nicht hier, und wer weiß, ob jemals. Die unerbittliche Tochter kriegt kein besseres Bild vom Vater, von der Liebe und von der Gerechtigkeit in der Welt.

Sieben

Pizza und Poker

Eine halbe Hundertschaft Polizisten stürmte an einem Abend im Dezember das Hinterzimmer einer Gastwirtschaft in Kreuzberg, wo Leute beim Poker um einen Tisch saßen. Auch die beiden Griechen, Herr Immanuel und Herr Nikolaos, waren anwesend, doch leugneten sie, an dem Glücksspiel beteiligt gewesen zu sein. Die Wirtschaft heißt »Hawaii 05«, und vielleicht waren die beiden Männer wegen des verheißungsvollen Namens dort, um von der warmen Kindheit zu träumen oder von einem Glück, das sie in der kalten Wahlheimat nicht gefunden haben. Herr Immanuel ist 67 und Rentner, er lebt mit seiner Frau von 720 Mark, zwei Söhne unterstützen ihn. Herr Nikolaos, 53, arbeitet bei einem Abrissunternehmen, er bringt 1800 Mark nach Hause, manchmal weniger. Nun ist die Hoffnung, reich zu werden, kein Verbrechen, ebenso wenig, wie sie durch Lotto, Roulette oder Einarmige Banditen am Leben zu erhalten. Öffentliches Glücksspiel im Hinterzimmer einer Gaststätte hingegen verbietet das Gesetz, und so sind die beiden offensichtlich in flagranti ertappten Leugner genötigt, an einem heißen Augustmorgen vor dem Richter zu erscheinen, der die Wahrheit über jenen trüben Dezemberabend herausfinden muss.

Herr Immanuel, der Rentner, ist ein kleiner Mann, sein spitzes Fuchsgesicht mit den ungesunden Augenringen sieht bekümmert aus. Wenn er sich aber der jungen Dolmetscherin zuwendet, heben sich die Mundwinkel und die Augen blitzen charmant. Herr Nikolaos, der bullige Abrissarbeiter, schaut grimmig zu. Pokerfaces? Es soll an dem Tisch um »nicht unerhebliche Geldbeträge« gegangen sein.

Ob denn wirklich gepokert wurde, will der Richter wissen. Fuchsgesicht antwortet ausweichend: Ich hab schon Poker gespielt, aber nicht um Geld.

Der Sinn des Pokerspiels ist aber nicht, nicht um Geld zu spielen, bemerkt der Richter sachkundig.

Ich habe nicht gespielt aus dem einfachen Grund, weil habe keine Geld zu investieren, erklärt Herr Immanuel.

Sprechen Sie doch Griechisch, die Dolmetscherin kostet ja auch viel Geld, fordert der Richter auf.

Herr Immanuel ist gekränkt: Ich bin fuffz… Jahre in Deutschland. Es ist nicht zu verstehen, ob er fünfzehn oder fünfzig sagen will.

Es kommt aber auf die Feinheiten an, beharrt der Richter eben drum und meint vielleicht auch Spitzfindigkeiten. Denn die Männer geben sich alle Mühe, dem Gericht plausibel zu machen, dass der Verdacht nur durch die absurde Verkettung unglücklicher Umstände auf sie fiel. Herr Immanuel zum Beispiel wurde mit Spielkarten am Tisch angetroffen. Die hat mir einer zugeworfen: Guck mal, was für eine miese Karte ich hab. Gerade als die Karte geworfen wurde, kam die Polizei.

Herr Immanuel hat auch für das Spielgeld im Wert von 28 Mark eine Erklärung: Zwanzig Mark schuldete mir einer, der am Tisch saß, der hat mir die Jetons gegeben.

Wer war das?

Mehmed aus Saloniki.

Die restlichen Jetons stiften noch mehr Verwirrung. Er habe sie vom Croupier erhalten, sagt Herr Immanuel, für Spaghetti oder Pizza, die von außerhalb geliefert würden, das sei so Brauch.

Dass man die vom Croupier bezahlt bekommt?

Ja.

Auch wenn man nicht mitspielt, kriegt man vom Croupier Geld geschenkt, um Pizza zu kaufen?

Ja.

Der Staatsanwalt staunt: Also wenn ich mir eine Pizza bestelle und dem Kellner Jetons gebe, zeigt der mir einen Vogel.

Bei Herrn Nikolaos liegen die Dinge noch klarer: Er habe hinter dem Stuhl gestanden, wo das Geld lag, aufrecht, wie er betont: Ich hab aufgepasst, dass keiner das Geld nimmt. Der, dem es gehörte, ist rausgegangen, telefonieren.

Kennen Sie den?

Der ist aus meinem Dorf, der war auf Besuch hier. Ein Mann aus der Familie Papadopoulos.

Sie haben der Polizei aber gesagt, das sei Ihr Geld.

Ob von meinem Freund oder von mir ist doch dasselbe.

Wahre Freundschaft, Familienbande. Das Gericht ist ratlos. Es kann nicht komisch finden, was hier gespielt wird. Es muss tun, als ob es die Unglücksritter ernst nimmt, obwohl zum Lachen ist, wie sie sich winden. Die Würde des Gesetzes steht auf dem Spiel. Die Hauptverhandlung wird ausgesetzt, die einzigen geladenen Zeugen, ein Polizist und ein Motorradfahrer, sollen nach Hause gehen. Eine umfangreiche Zeugenbefragung sei nötig, befindet der Richter. Das kann dauern. Und kosten. Mal sehen, was Mehmed aus Saloniki und irgendein Papadopoulos aus irgendeinem griechischen Dorf dann erzählen.

Acht

Frechheit siegt

Demian, komm her, Demian, geh weg von der Tür, Demian, sitz still, Demian, hör auf zu schreien, Demian, heb die Flasche auf!

Demian ist kaum älter als zwei, ein niedlicher strohblonder Kerl. Seine Mutter hat alles Erdenkliche für ihr Kind getan, ihm einen ausgesuchten Namen gegeben, ihm flotte Sachen gekauft, ihm einen Glitzerstein ins Ohrläppchen schießen lassen und regelmäßig Cola ins Fläschchen gefüllt. Aber der Junge hört nicht. Er tut, was er nicht soll.

Die Mutter, Jeannette, trägt Pferdeschwanz und krause Löckchen an der Stirn, ihr Gesicht hat eine schwache Ähnlichkeit mit dem Liv Ullmanns, ist aber grober, breiter, flacher, und die Augen blicken ohne Interesse. Mit dem Jungen kann sie nichts anfangen und mit der langen Wartezeit auch nicht, es gibt kein Bilderbuch, kein Schmusetier, sie geht mit dem Kind nicht herum, sie wiegt es nicht; ihre einzige Zuwendung ist die lange Tirade von Verboten, hin und wieder dadurch bekräftigt, dass sie ihren schweren Unterkörper hochhievt und das Kind mit Wucht auf den Po schlägt oder es an einem Arm auf den Sitz reißt.

Auch Demians Großmutter ist da, Jutta W., mit Windsturmfrisur und grauem Gesicht, aber sie tut, als ginge sie das Kind nichts an. Mutter und Tochter sind angeklagt, sich rechtswidrig Vermögensvorteil verschafft zu haben. Sie bestellten mehrmals, mal unter eigenem Namen, mal unter falschem, bei Ulla Popken Klamotten in Größe 46, der Staatsanwalt zählt auf: Jeanslatzhosen, Strumpfhosen, Pullover, T-Shirts, Jacke, Blazer, Bluse, Body. Lieblingsfarben: Schwarz und Blau. Wert: jedes Mal um tausend Mark. Die beiden Frauen, gelernte Floristin die eine, Hausfrau die andere, hatten aber kein Geld, und sie bezahlten nicht.

Die Hose hab ick aber bezahlt, ruft Jeannette. Und die andern Sachen hab ick zurückgeschickt, und wenn das nicht angekommen ist, da müssen Sie sich bei der Post kümmern, weil, den Beleg heb ick nich zwee Jahre uff.

Die Richterin legt die Stirn in Falten. Wann Jeannette die Hose bezahlt hat, will sie wissen.

Das hab ich gleich gemacht, zwee Tage nachdem die Polizei da war. Da könn' se ja gleich ma' bei Ulla Popken anrufen.

Frau Jeannette, wenn Sie Ihre Frechheiten jetzt nicht lassen …

Mutter Jutta hat noch Schulden vom Kleiderkauf. Det wird jetzt abgezahlt, sagt sie.

Seit wann?

Det möcht ich jetzt anfangen.

Jetzt, nach drei Jahren? Warum haben Sie vorher nicht gezahlt?

Auf gut Deutsch: Ich hab's vergessen. Sonst hätt ich's gemacht.

Jeannette sagt noch, bis vor einem Jahr habe bei ihr Chaos geherrscht – der Lebensgefährte. Aber ich will mein Leben jetzt in den Griff kriegen.

Vorerst kriegt sie nur Demian in den Griff, der seine schwere Mutter durch den Saal hetzt. Er rüttelt am eisernen Garderobenständer und freut sich über das Geklapper. Er entdeckt den Schalter und knipst das Licht aus. Er legt sich auf die Zuschauerbank und nuckelt Cola. Er fällt hin. Er hockt sich, drückt und stöhnt. Dann stinkt das süße Kind.

Von den Vorwürfen bleibt am Ende nicht viel. Eine Hose bei Jeannette, ein paar T-Shirts bei der Mutter. Jeannettes Behauptungen, das eine habe sie nicht erhalten, das andere nicht bestellt, das dritte zurückgeschickt, kann die Richterin nicht widerlegen. Ich glaube Ihnen nicht, sagt sie, aber um Sie zu verurteilen, müsste ich Ihnen was beweisen. Soll ich sagen, liebe Post, haben Sie vor zwei Jahren mal 'ne blonde Frau gesehen?

Die Richterin zieht sich zur Urteilsfindung zurück: Sie können ja inzwischen dem Kind eine neue Windel anziehen.

Nee, kann ich nich, hab ich nich, ich wusst ja nich,

dass ick hier zwee Stunden warten muss, ruft Jeannette ihr hinterher.

Frau Jutta kommt mit 600, Jeannette mit 800 Mark Strafe davon. Ob gezahlt wird, ist ungewiss.

NEUN

Ein Barhocker von Unbekannt

Wegen Inge. Inge hat Werner verlassen. Ihm einen Brief geschrieben, richtiger, schreiben lassen, von Rudi, weil Inge nicht so gut ist im Schreiben. Sie will mit Werner nichts mehr zu tun haben, hat sie ihm mitteilen lassen. Da ist Werner zu Rudi gegangen und hat ihm den Telefonhörer auf den Kopf geknallt.

Rudi ist Rentner und Werner auch. Der eine knapp siebzig, der andere knapp sechzig. Rudi erzählt die Sache so: Ich lag noch im Bett, um die achte Stunde. Meine Frau war schon unterwegs, die geht früh aus dem Haus. Einkäufe tätigen. Es klingelte. Ich dachte, meine Frau kommt. Sie hat einen Schlüssel, ich dachte: Na, vielleicht liegt der unten im Beutel. Sonst mach ich immer erst die Kette vor, aber da hab ich gleich aufgemacht.

Werner kam rein: Warum tust du das? (Rudi quetscht seine Stimme in höchste Höhen.) Warum tust du das? Werner, sag ich, was tu ich denn? (Rudi redet wieder Bass.) Ich hätte ihm seine Inge weggenommen. Werner, ich hab dir doch deine Inge nicht weggenommen.

Wir waren Kollegen, die Inge und ich, hier in Oberschöneweide, erzählt Rudi, und als Inge Witwe wurde, hab ich alle Gänge mit ihr gemacht, hab auch mal 'ne Busfahrt mit ihr gemacht. Ich hab gesagt: Werner, wenn du nicht gehst, ruf ich die Polizei. Hat er mir den Hörer aus der Hand und auf'n Kopp geknallt. Meine Frau ist vom Einkauf gekommen, aus dem einfachen Grund, weil sie kein Geld mehr hatte. Die hat sich denn gewundert, dass es nach Rauch gerochen hat. Bei uns raucht keiner.

Was hätte Schreckliches passieren können, wenn der Frau nicht das Geld ausgegangen wäre. Rudi malt das Szenario: Ich hab mich ja nicht getraut, den Telefonhörer aufzuheben, der nach dem Schlag auf dem Fußboden lag, sagt er, und die Augen flackern wie in realer Angst. Wenn ich mich gebückt hätte, hätte Werner zugestochen, und wenn meine Frau nicht nach Hause gekommen wäre, wäre ich verblutet, ich bin nämlich Bluter. Werner hätte mich (Rudi senkt die Stimme) auch gleich an der Tür abstechen können.

Rudi ist noch einmal davongekommen, aber es war knapp, davon sind er und seine Frau ehrlichen Herzens überzeugt. Werner hat sich zwar getrollt, ein Messer war auch nicht da, es gab keinen Blutverlust, und Rudi ist nicht wirklich ein Bluter, er nimmt aber Tabletten zur Blutverdünnung. Dennoch – alles war möglich, und Werner, so viel stand fest, ist eine latente Gefahr. Sie zeigten ihn an.

Zur Gerichtsverhandlung wird Werner zugeführt wie

ein Schwerverbrecher. Beim ersten Termin im Oktober war er nicht erschienen. Nun wurde er abgeholt und für zwei Tage in Untersuchungshaft gesteckt.

Werner hat noch nie gesessen. Seine Haut ist so regengrau wie der Himmel draußen, die Mundwinkel hängen traurig nach unten, und quer über die hohe Stirn hat er sich eine breite Haarsträhne gelegt. Er blickt teilnahmslos, wie ein Lamm, das nicht weiß, ob es zur Weide oder zum Schafott geführt wird.

Was im Korridor bei Rudi los war, will der Richter von Werner wissen.

Da hab ich ihm bloß 'ne kleine Ohrfeige gegeben. Dann ham wir uns unterhalten.

Ist noch was mit dem Telefonhörer passiert?

Ich hatte keinen in der Hand.

Über was haben Sie sich unterhalten?

Ich hab gesagt, dass er sich nicht einmischen soll, Inge lebt mit mir.

War Herr Rudi verletzt?

Hab ich bloß vom Hörensagen gehört.

Waren Sie alkoholisiert?

Ich hab von 22 bis 7 Uhr getrunken.

Was für Krankheiten haben Sie?

Weil mein Augenlicht nicht so will.

Sie hatten vor zwanzig Jahren einen Unfall?

Ja, ein Barhocker von Unbekannt.

Seit er den auf den Kopf bekam, hat Werner epileptische Anfälle, musste seine Arbeit in einer Hotelküche aufgeben, ist erwerbsunfähig. Er nimmt Tabletten, auch gegen Gicht, er hat vermutlich ein Alkoholproblem. Werner ist kein Schwerverbrecher, sondern ein armer Teufel. Da war wenig Glück im Spiel, und die vier Jahre mit Inge waren vielleicht das Beste, was ihm widerfahren ist. Wenn er mit ihr in der Kneipe saß und Rudi kam vorbei, winkte er ihn rein und spendierte eine Selters. Oder er pumpte Rudi an, zahlte aber immer zurück. Aber als Inge dann weg war …

Der Richter will milde sein, muss aber noch eine aktuelle Straftat berücksichtigen, einen Diebstahl: Werner hat in einem Büro eine Schachtel Zigaretten mitgehen lassen. Er wird zu achtzig Tagessätzen à vierzig Mark verurteilt. Den Haftbefehl hebt der Richter mit sofortiger Wirkung auf. Werner wird entlassen. In eine triste Freiheit ohne Inge.

ZEHN

Eine Leiche im Keller

Und ziehnse die Jacke aus. Sitzense nich so reisefertig rum. Kann ja sein, dass Sie länger hier bleiben müssen.

Der Richter zeigt, wer der Herr im Hause ist. Er mag es nicht, wenn der Angeklagte forsch in den Saal tritt und sich gleich platziert. Der hier wollte an den Zeugentisch, wo er gar nicht hingehört. Da kriegt er erst mal einen Dämpfer. Nun hockt er auf dem zugewiesenen Stuhl, bis zum Kinn in den Anorak verkrochen, wie im ungeheizten Zug. Als er sich aus dem wasserfarbenen Nylon gepellt hat, kommt ein Allerweltsgesicht zum Vorschein, wie man es schnell wieder vergisst. Er heißt Manfred. Manfred G. aus Großziethen.

Und wo ist Simone, fragt der Richter. Ist doch Ihre frühere Freundin, die Simone, nicht?

Ja, sagt Manfred. Keine Ahnung. Nur weil die mal meine Freundin war, muss ich ja nicht wissen, wo die ist.

Der Richter überhört den patzigen Ton. Aber ohne Simone können wir nicht. Nicht wahr, Herr Verteidiger?

Ich habe die Akten nicht gelesen, ich kenne nur seine Schilderung – der Verteidiger weist mit dem Kopf zu Manfred. Was er mir draußen erzählt hat.

Na, das ist aber etwas anderes, als in den Akten steht. Es soll sich – der Richter wendet sich dem Publikum zu, das sich als »Fans von Ihnen« vorgestellt hat – um einen Versicherungsbetrug handeln. Sie – die Ansprache geht wieder an Manfred – sollen sich gehauen haben mit Simone.

Nee, korrigiert Manfred, bloß 'ne kleine Rangelei.

Da sind Sie in die Scheibe gefallen, und die ist zu Bruch gegangen, und dann haben Sie das der Versicherung so dargestellt.

Ich bin ins Krankenhaus gekommen, wirft der Angeklagte ein. Das ist nun mal Fakt.

Manfred war nachprüfbar verletzt. Die Versicherung hat gezahlt. Und das Geld ist längst weg.

Tatsächlich, sagt der Richter, soll er sich aber die Verletzungen ohne die Einwirkung von Frau Simone beigebracht haben. Das hat die Simone der Polizeibeamtin später gesagt, nicht wahr?

Die Polizeibeamtin mit den rot-blond-braun gescheckten Fransen nickt. Sie wartet am Zeugentisch auf die Belehrung, die immer stattfindet, bevor es richtig anfängt. Aber es fängt nicht an.

Denn ohne das Mädchen geht es nicht. Es reicht nicht, wenn Sie – der Richter meint die Polizistin – hier aussagen, was das Mädchen gesagt hat. Wir müssen das Mädchen selber haben. Die Simone hat ja zuerst auch auf dieser Versicherungslinie gelegen. Vielleicht hat sie bloß deshalb alles zurückgenommen, weil sie sich mit ihm – er zeigt auf Manfred – verkracht hat. Um sich zu rächen. Womit sie sich ja auch strafbar macht.

Oder haben Sie Ihre frühere Geliebte etwa im Keller versteckt, vielleicht gefesselt?

Manfred guckt entgeistert.

Na, es könnte ja sein, dass Sie ihr gedroht haben: Lass dich ja nicht bei Gericht blicken, um alles zurückzunehmen, ich mach dich fertig.

Manfred schüttelt verschüchtert den Kopf.

Sie haben ja, fährt der Richter fort, einige Vorstrafen, aber das sind Kinkerlitzchen. Und das, was Sie hier kriegen werden, da kommen Sie auch drüber hinweg. Wenn Sie aber – er erhebt donnernd die Stimme – gegen Simone vorgehen sollten, damit die hier keine Aussage macht, dann kriegen Sie mächtig was auf den Deckel.

Manfred zieht den Kopf ein.

Es sind schon Morde passiert, erfährt nun die geneigte Allgemeinheit, damit der Hauptbelastungszeuge nicht aussagt. Vielleicht liegt bei dem 'ne Leiche im Keller.

Die Zuschauer freuen sich, sie kennen das Szenario aus dem Fernsehen.

Wo immer Simone sein mag, ohne sie läuft nichts, und anders als im Film wird man es auch nicht sofort erfahren. Die Verhandlung platzt. Manfred kann seinen wasserblauen Anorak erst mal wieder anziehen.

Der Richter diktiert einen Haftbefehl. Irgendwann nach Ostern wird ein grünes Auto mit vergitterten Fenstern vor einem Haus halten. Die Polizisten werden klingeln, und wenn dann die Tür sich öffnet – nein, sie werden nicht in Manfreds Keller stürmen. Es wird Simones Tür sein, sie werden sie festnehmen, ins Auto packen und nach Moabit bringen, damit bei der nächsten Verhandlung keiner fehlt.

Falls Simone nicht doch bei Manfred im Keller liegt. Was aber niemand wirklich glaubt.

Elf

Die Unfähigkeit zu reden

Der Mensch ist nicht dafür geschaffen, allein zu sein. Er sucht sich jemanden, auf den sich sein Denken und Fühlen richten kann, egal wie unvollkommen die Verbindung ist. Irgendetwas ist besser als nichts. Frau Ellen und Frau Rita sind zaghaft in der Beschreibung ihres Verhältnisses. Freundschaftlich, sagt die eine. Wir kennen uns lange, sagt die andere. Dem Denken und Fühlen Worte zu geben fällt beiden schwer.

Frau Ellen ist 32, ledig, sie war mal Küchenhilfe. Als sie arbeitslos wurde, machte sie einen Lehrgang mit Abschluss als Beiköchin. Trotzdem bekam sie keine Arbeit. Zupacken kann sie bestimmt, sie ist so eine Feste, Kernige, mit schlichtem, grundredlichem Gesicht. Aber an jenem Abend nahm sie plötzlich ein Glas vom Tisch, drückte es Frau Rita ins Gesicht und tobte: Ich bring dich um, ich bring deinen Hund um, ich reiß die Tapeten von der Wand.

Blinde, ohnmächtige Wut. Was war der Grund? Nach der Chaostheorie kann der Flügelschlag eines Schmetterlings ausreichen, ein stabil gedachtes System zum Einsturz zu bringen. Was hatte das Chaos in Frau Ellen ausgelöst, dass sie die andere vernichten wollte samt Tapete und Hund?

Frau Ellen kann es sich nicht erklären. Davor war eine Feier in der Wohnung des geschiedenen Mannes von Frau Rita. Es gab zu trinken, aber nichts zu essen. Nach der Feier wollte Frau Ellen mitfahren, zu Frau Rita in deren Wohnung. Sie habe aber die Straßenbahn verpasst, sagt sie, die andere war flotter. Was später in der Wohnung passiert ist, kann sie nicht sagen. Wir müssen uns gezankt haben. Der Geschiedene habe angerufen, ob Frau Rita gut angekommen sei. In dem Moment bin ich wohl ausgerastet.

Worum ging der Streit?

Weiß nicht, um Lappalien. Vielleicht Eifersucht.

Frau Ellen soll das Verhältnis zu Frau Rita beschreiben. Gut, sagt sie. Wie gut?

Ach, Sie meinen vielleicht lesbisch? Nee, befreundet.

Frau Rita sagt über Frau Ellen: Ich kenne sie auch als guten Menschen.

Frau Rita ist eine zierliche Schneiderin von 53 Jahren. Das mit der Straßenbahn sei anders gewesen, sie seien gemeinsam gefahren. Zum Streit erfährt man auch von ihr nur: Ist nicht wichtig, Meinungsverschiedenheiten. Ihr Exmann habe angerufen, ja. Nicht ich, er rief an, betont Frau Rita, als würde das etwas erklären. Vielleicht erklärt es ja auch was. Irgendetwas in den Beziehungen zwischen der Köchin, der Schneiderin und dem Geschiedenen stimmte nicht. Jedenfalls nicht für Frau Ellen. Da waren Eifersucht, Verlassensangst, Verzweiflung, Hass. Ein Seelendrama, für das sie keine Worte fand, nur die absurde Drohung.

Rastet sie aus, fragte der Geschiedene am Telefon. Ruf die Polizei, sagte er zu der Schneiderin. Da nahm die Köchin das Glas und drückte es der Schneiderin ins Gesicht.

Das Glas blieb ganz, das Auge auch. Ein Glück.

Der Richter ist kein Therapeut, er hält sich an die Fakten. Frau Ellen muss zum Zeitpunkt der Tat 3,1 Promille Alkohol im Blut gehabt haben. So einen Wert haben wir hier selten, sagt der Richter. Frau Ellen war widerspenstig bei der Blutentnahme, ihr Steuerungsvermögen war erheblich beeinträchtigt, die Erinnerung getrübt, sie sei ausgerastet ohne Motivation, alles typische Symptome.

Der Richter verurteilt die Köchin nicht wegen gefährlicher Körperverletzung, sondern wegen fahrlässigen Vollrausches zu 2700 Mark Geldstrafe. Er gibt ihr den Rat, ihr Alkoholproblem zu lösen. Für Beziehungsprobleme ist er nicht zuständig.

Zwischen der Verhandlung und der denkwürdigen Feier liegen fünf Monate. Was war nach jenem Abend, haben Sie sich noch mal getroffen, wird die Schneiderin gefragt.

Ja.

Treffen Sie sich noch?

Ja.

Hat die Köchin Ihnen irgendwas erklärt?

Nein. Wir haben einfach nicht mehr davon gesprochen.

Zwölf

Traumfrau im Seidenkleid

Das Kind war bei der Geburt zu klein und zu leicht, vielleicht glaubte die Mutter, sie könne ihm dreifache Stärke verleihen, wenn sie ihm drei Namen gäbe: Torsten, Heiner, Martin. Es hat aber nicht geholfen – als Kind war TorstenHeinerMartin häufig krank, steht geschrieben, und körperlich und geistig retardiert.

Was soll das heißen, retardiert?

Ich bin ein bisschen dumm, hat man gesagt.

Nein, das sind Sie nicht, sagt der Richter, Sie sind nur ein bisschen anders.

Ich war auf der Hilfsschule.

Aber Sie schreiben doch so schöne Briefe. Sie Unglücksrabe.

Und wirklich, wie ein Unglücksrabe hockt der Mensch auf der Bank, hohlwangig, hohlbrüstig, den Kopf mit dem Drosselbart-Kinn gesenkt. 37 Jahre alt, lang und spindeldürr. Die drei Jungennamen haben ihm kein Glück gebracht. Denn Torsten wäre gerne eine Frau. Die trüge Seidenkleider und Stöckelschuhe, Satinhandschuhe und

Ohrclips und hieße Claudia, Marlies, Anna, Elvira oder Sabine. Der letzte Name gefällt Torsten besonders, den gab er häufig als Adressatin an, wenn er beim Versandhandel »Der schlanke Schnitt« Sachen bestellte, Bodydress, Partykleid, Kurzmantel, Halskette. Sachen, die im Katalog Namen haben wie die Bluse Tanja, der Rock Domenica, das Kleid Melodie. Und Pistazie, ein Seidenkleid der Größe M, grün schimmernd vermutlich, weich fließend oder festlich raschelnd, eine Robe für den großen Auftritt als glanzvolle Traumfrau, wie Mary.

Aber so war das Leben nicht. Nicht glanzvoll, kein Traum. Obwohl Torsten fest entschlossen war, den Traum wahr zu machen. Ich wollte mich umoperieren lassen, sagt er leise, ist aber abgelehnt worden, weil ich HIV positiv bin. Es gab auch ein Suchtproblem mit Tabletten. Ich bin aber seit Jahren weg davon.

Er hatte es schwer. In Kaufhäusern bediente man ihn nicht, wenn er Kleider kaufen wollte, erst recht nicht, wenn er in Kleidern kam. Um sich die Demütigung zu ersparen, bestellte er beim Versand. Unter falschen Frauennamen. Weil er keine Arbeit hatte, konnte er aber nicht bezahlen. Da kam er vor Gericht. Er wurde zu eineinhalb Jahren Gefängnis auf Bewährung verurteilt. In der Bewährungszeit bestellte er neue Sachen, für neuntausend Mark. Es war wie eine Sucht. Aber wie die drei Namen aus ihm keinen kräftigen Jungen gemacht hatten, machten die vielen Röcke und Kleider aus ihm keine schöne Frau. Sondern nur einen unglücklichen Vogel, der ins Gefängnis gesteckt wurde, um die Bewährungsstrafe abzusitzen.

Der Richter ist nicht gut zu sprechen auf Versandhäuser im Allgemeinen und auf das alte Urteil im Besonderen: Eineinhalb Jahre für diesen Plunder, den die woanders nicht loswerden! Das verpacken die, damit's keiner sieht. Und schicken es dann ins Haus. Von diesen ganzen Versandhäusern halte ich nichts, weil da nur Leute einkaufen, die woanders nichts kriegen. Man geht doch ins Kaufhaus und lässt sich das Seidenkleid Ramona zeigen und den Stoff durch die Finger gleiten.

Torsten braucht Seelenbeistand, was soll der im Gefängnis? Aber draußen ist Frost. Nun sind Sie ja unter der Erde durchgeführt worden, sagt der Richter, und er meint die unterirdischen Gänge vom Gefängnis zum Moabiter Kriminalgericht. Da haben Sie nicht gesehen, was für ein Wetter ist. Wo würden Sie denn wohnen, da ist es doch kalt und unaufgeräumt?

Nein, sagt der Angeklagte, eine Freundin räumt auf.

Was für 'ne Freundin? So 'ne Freundin? Nicht? Haben Sie einen Freund? So 'nen Freund, Sie wissen, was ich meine? Nicht, dass wir was Falsches machen, dass Sie draußen erfrieren.

Es gibt keinen Freund. Aber eine Selbsthilfegruppe in Prenzlauer Berg, mit Kaffee, damit man sich näher kommt. Da kann Torsten hingehen, auch in Seidenkleid und Stöckelschuhen.

Der Verteidiger macht darauf aufmerksam, dass im

vorigen Prozess niemand Torsten einen Bewährungshelfer gab: Es ist höchstrichterlich geklärt.

Höchstrichterlich brauch ich nicht, wenn es unterstrichterlich vernünftig ist, sagt der Richter. Und da das andere Urteil keinen Wert hat und er hier das erste Mal richtig vor Gericht steht, entscheide ich: ein Jahr mit Bewährung. Und mit Bewährungshelfer. Und gehen Sie dahin, zu der Gruppe.

DREIZEHN

Grüße von der Drogenmafia

Es war an einem Frühlingstag, der Monbijou-Park zeigte zartes Grün. Die Polizei observierte ein Haus in der Bergstraße. Kai-Uwe wohnte da, er hatte seine Hunde im Park spazieren geführt und ging in das Haus. Dann kam ein fremder Junge, ging hinein und kam nach kurzer Zeit wieder heraus. Die Beamten hielten ihn an: Sie sind beobachtet worden, wie Sie in den vierten Stock, Vorderhaus, stiegen und an der rechten Tür klingelten.

Sie fanden Hasch in der Tasche des Jungen. Sie setzten ihn in einen Polizeiwagen und ließen ihn berichten: Ich hörte einen Hund bellen. Ich hörte die Stimme von dem Typ, der mir schon mal Hasch verkauft hat. Ich klingelte, die Tür wurde geöffnet. Ich sagte: Für'n Zehner. Der Typ hat die Tür zugemacht, dann hat er die Tür wieder aufgemacht und mir das Hasch rausgegeben.

Das ist ein halbes Jahr her, jetzt sitzt der Siebzehnjährige am Zeugentisch, den Kopf tief gesenkt, und er flüstert fast.

Kennen Sie den Angeklagten?

Nein.

Gucken Sie ihn an! Sie kennen ihn nicht?

Kopfschütteln.

Haben Sie Angst vor dem Angeklagten?

Keine Antwort.

Sie müssen hier die Wahrheit sagen, sonst gibt's gegen Sie ein Strafverfahren. Haben Sie da gekauft?

Ja.

Was?

Steine.

Haschisch?

Ja.

Was haben Sie bezahlt?

Zehn Mark.

Wie oft haben Sie gekauft?

Einmal.

Also jetzt lügen Sie. Von wem haben Sie gekauft?

Weiß nicht.

Haben Sie denn die ganze Zeit runtergeguckt?

Es ging alles so schnell.

Aber vor einem halben Jahr haben Sie ausgesagt, Sie würden die Person jederzeit wieder erkennen. Erkennen Sie sie?

Nicht sicher.

Als der Junge berichtet, er besuche die elfte Klasse, spricht er in ganzen Sätzen, laut, fließend, mit hartem Akzent. Der Richter ist unzufrieden, der Zeuge entlassen. Abgang mit Papa, dem Mann mit dem straff nach hinten gekämmten Haar, der auf der Zuschauerbank wachte. Dieser Sohn: Seinetwegen ist die Familie nach Deutschland gekommen, und er ist dabei, sich die Zukunft zu vermasseln.

Zeuge zwei, auch siebzehn, ist noch unergiebiger. Er habe den Angeklagten nur rauchen sehen. Er selber habe sein Zeug bei dem anderen gekauft, um den es sich hier nicht handelt. Abgang mit Mama, einer Frau in Jeansjacke, deren dunkler Pferdeschwanz erleichtert wippt.

Die Eltern der Hasch-Generation. Meist wissen sie wenig von ihren eigenständigen Kindern. Wenn sie die Schule ordentlich machen, ist es gut, aber das sagt längst nicht alles. Und alles wollen manche auch gar nicht wissen. Bis der Warnschuss kommt, ein Prozess. Diesmal ist das Kind nur Zeuge. Aber willst du enden wie der da? Im Gefängnis?

Der da, Kai-Uwe, ist 29, die Mutter starb, als er neun war, er kam in ein evangelisches Kinderheim. Hauptschulabschluss, Dachdeckerlehre, Gerüstbauer, Platzwart. Mit 23 fing er an zu konsumieren, Haschisch, Speed, Ecstasy, Kokain. Als er zehntausend Mark Schulden und keine Arbeit hatte, fing er an zu handeln. Vier Monate lang, zum Schluss habe er alle vier Tage ein halbes Kilo eingekauft, im Monbijou-Park, bei Bob, einem Jugoslawen. Vor Gericht sind seine angegebenen Haschisch-Mengen aber geringer, als die, die er den Ermittlern zu Protokoll gab. Warum er sich damals stärker belastet habe als nötig, will der Richter wissen.

Die Polizei hat gesagt, wenn ich ihnen helfe, können auch sie mir helfen. Da dachte ich, wenn ich denen viel erzähle, komme ich nicht ins Gefängnis, sagt Kai-Uwe. Er kommt aber doch. Zwei Jahre, neun Monate gibt ihm der Richter.

Der verantwortliche Einsatzleiter versichert, man habe Kai-Uwe keine Versprechungen gemacht, keine. Der Satz ist schneller da, als der Richter fragen kann. Und dann sagt der Ermittler, worauf es eigentlich ankam an jenem Abend, worauf es immer ankommt bei den Drogensachen: Wir wollten die Ergreifung dieses Bob haben.

Kai-Uwe zeigte sich kooperativ, bot an, ein Treffen mit Bob zu vereinbaren. Er tat aber nur, als ob er telefoniere, denn Bob ist eine Erfindung. In Wirklichkeit weiß Kai-Uwe nichts über ihn, schon gar nicht seine Telefonnummer, so sagt er.

Haben Sie mitgehört, als er telefonierte, fragt der Richter den Einsatzleiter.

Ja.

Was hat der Bob gesagt?

Na, dass er heute nicht kann.

Das haben Sie gehört?

Na, das hat der Angeklagte gesagt. Das hab ich gleich so aufgeschrieben.

Die Stimme des Polizisten bebt vor alter Wut. Wieder nichts mit der Entlarvung der Drogenmafia. Wieder nur den letzten Dealer erwischt.

VIERZEHN

Retter der Forelle

Es gibt Orte, die scheiden als Platz des Genusses aus. Das Gefängnis ist so einer. Unvorstellbar, mit ihm den Gedanken an feine Küche zu verbinden. Mit Gefängnis assoziiert der Kopf Wasser und Brot, Fraß und Blechnapf. Zwar geht der humane Strafvollzug inzwischen über das karge Minimalprogramm hinaus. Aber es macht doch einen Unterschied, ob dem Häftling Formfisch oder Forelle serviert wird, womöglich mit Mandelsplittern, Buttersauce und Zitronenspalten. Schon in der Betriebskantine ist die Forelle etwas Besonderes. Als Knastessen übersteigt sie das Vorstellungsvermögen des freien Bürgers. Es sei denn, sie wurde als Henkersmahlzeit bestellt. Aber Hinrichtungen gibt es in der Justizvollzugsanstalt Tegel nicht.

Forelle schon.

Sonst wäre Herr Hans-Joachim W. wohl nicht des Diebstahls von fünfzehn Forellen aus der dortigen Küche beschuldigt worden.

Herr W. ist ein kleiner Mann von knapp sechzig Jahren, der gerne größer wäre. Sein langer, rötlich-krauser Bart verleiht ihm etwas Künstlerisches. Er hat fünf Kinder in die Welt gesetzt, mit Hilfe von fünf verschiedenen Frauen, der kleine Herr W. ist stolz auf diese Leistung. Er trägt einen wichtigen, übergroßen Aktenkoffer in den Verhandlungssaal. In der Küche der Haftanstalt trug er Verantwortung – für die Maschinen. Herr W. ist ein Mann mit vielen Berufen, Schreiner, Schlosser, Installateur.

Nicht nur die fünfzehn Forellen stehen in der Anklageschrift, auch 24 Pakete Fisch der ordinäreren Art soll W. mitgenommen haben. Ach, denkt der redliche Steuerzahler, wieder so einer, der sich am Gemeingut bereichert, wenn auch nur durch Mundraub. Er stellt sich vor, wie der kleine Herr W. mit der großen Verantwortung in die Tiefkühltruhe greift und die Delikatessen in seinem Aktenkoffer versenkt. Wie er am Feierabend, die Hand an der Helmut-Schmidt-Mütze, freundlich grüßend am Posten vorbeigeht und mit der S-Bahn nach Hause fährt. Er fragt sich, was Herr W. dort mit den vielen Forellen macht. Ist er ein Krämer, der sie verscherbelt? Die fünf Kinder sind erwachsen, aber vielleicht hat W. jetzt eine andere teure Leidenschaft? Legt er die Tiere in seinen Froster und frisst sie verteilt übers Jahr, immer wieder sonntags? Lädt er Freunde ein und feiert Feste?

Gefehlt. Es ist ganz anders. Herr W. wurde ja ertappt, bevor er die Forellen aus der Küche schaffte, so konnten diese das Gefängnis nicht verlassen. Und auch W. musste drinnen bleiben, denn er war nicht Angestellter, sondern

Insasse. Ein Strafgefangener, der in der Küche arbeiten durfte. Was er sich hatte zu Schulden kommen lassen, um im Gefängnis seinen vorübergehenden Aufenthalt zu nehmen, erfahren wir nicht. Aber dass wir Herrn W. verkannt haben, sehen wir deutlich. W. ist vor allem ein guter Mensch. Er wollte den Edelfisch nicht selber verspeisen, er wollte mit den Bedürftigen teilen. Dort sind Hunderte von Menschen, die Hunger haben, sagt W.

Fünfzehn Forellen für Hunderte Hungrige. Das klingt biblisch.

Es war Sonnabend früh, als W. die Forellen vor dem endgültigen Verderben rettete. Sie sollten in den Müll. Sie waren von gestern. Gebraten und übrig geblieben. Freitag gibt es immer Fisch in Tegel. Aber offenbar nicht Forelle für alle. Was soll man anderes aus Herrn W.s Äußerung schließen, er habe nur an die gedacht, die keine Arbeit haben, als dass in der gastronomischen Versorgung des Knastes gewisse Klassenunterschiede bestehen. Wer nicht arbeitet, soll auch nicht essen. Jedenfalls nicht Forelle.

Ob er sich nicht eventuell das Taschengeld ein wenig aufbessern wollte, fragt der Richter.

Herr Vorsitzender, wo denken Sie hin, ich wollte alles verschenken. Es ist bekannt, was ich alles verschenkt habe, wirft sich W. in die Brust. Was noch dazukommt, Herr Vorsitzender: Hätte ich die fünfzehn Forellen in der Küche gegessen, wäre nichts passiert. Ich hätte die alle in der Küche aufessen können.

Der Richter stimmt mit W. völlig überein, dass es unsinnig ist, den Fisch nicht zu essen, sondern in den Müll zu schmeißen. Trotzdem, sagt er, rein rechtlich ist das Diebstahl! Auch wenn die Forellen vernichtet worden wären.

Er stellt das Verfahren ein. Nicht allerdings ohne eine kleine Belehrung: Herr W., Sie mögen Ihre eigene Auffassung haben. Aber in der Haftanstalt gibt es Regeln, die sind dazu da, dass man sie einhält, auch wenn es an irgendeiner Stelle unsinnig erscheint. Es ist schon richtig, dass sich jeder an die Ordnung halten muss. Sonst ginge es schnell drunter und drüber. Für die Zukunft wissen Sie es.

Herr Richter, ich bin nicht mehr drin.

Umso besser. Hoffen wir, dass Sie nie wieder reinkommen.

FÜNFZEHN

Faule Kunden

Ich sitze hier wie auf Kohlen, sagt der Mann mit der Brille und der Aktentasche. Die Kolleginnen sind alleine, die schaffen das nicht, die lassen sich krankschreiben, die halten das nicht mehr aus. Der Aktentaschenmann ist Mitarbeiter vom Arbeitsamt III, Königin-Elisabeth-Straße, und schon zum dritten Mal als Zeuge geladen. Einmal wurde er nach Hause geschickt, einmal durfte er eine Aussage machen, aber nun ist er schon wieder bestellt. Immer wurde die Sache vertagt, immer fehlte jemand, letztes Mal die Beschuldigte, heute der Geschädigte. Gerade berät das Gericht, ob es sich wieder vertagen soll. Der Aktentaschenmann vom Arbeitsamt sitzt schon über eine Stunde vor dem Verhandlungssaal und wartet. Er tut das, was sonst seine Kunden tun müssen. Jaja, Kunden, so nennt man die Leute jetzt, sagt er. Früher waren das Antragsteller. Kunden, Kundencenter, Kundenfreundlichkeit, betet er die schönen Schlagwörter seines Berufes her. Ist aber keine Zeit für Freundlichkeit, sagt er.

Die Kunden haben Zeit zu haben, aber Freundlichkeit kommt auch bei ihnen nicht auf. Sie warten. Sie denken dabei alles Mögliche, dass keiner sie braucht und sie hier nur die Bittsteller sind. Die Stimmung in den Wartezonen ist geladen. Der kleinste Funken, und die Sache geht hoch. Das kann eine Sachbearbeiterin mit Kaffeetasse sein oder jemand wie die junge Frau Kalif, die mit ihrem Begleiter einfach reinspaziert in eins der Zimmer. Ohne eine Nummer zu ziehen. Ohne sich um die zu kümmern, die hier schon stundenlang herumhocken. Zweieinhalb Stunden, um genau zu sein.

Da geht das Geschimpfe los: Wir warten ja hier och nich uff 'ne Currywurst. Da ist man nicht zimperlich mit Beleidigungen: Kanaken! Da springt einer auf und hinterher, und kurz darauf balgen sich zwei Männer auf dem Fußboden, und die junge Frau Kalif kommt ihrem Begleiter zu Hilfe und steht nun als gefährliche, gewalttätige Frau vor Gericht.

Frau Kalif hatte gesagt, sie hätte nur ein Schriftstück abgeben wollen. Wenn da, sagt der Verteidiger, ein Schild gehangen hätte: Es kann sein, dass Leute an Ihnen vorbeigehen, dass sie einen Termin haben und deshalb keine Nummer ziehen, regen Sie sich nicht auf … Dann wäre das Ganze vielleicht nicht passiert.

Prima Vorschlag. Setzte nur voraus, dass die Leute auf den Wartebänken nicht schon blind sind vor Frust.

Frau Kalif sagt, der wütende Mann habe sie grundlos überfallen. Sie habe auch was abbekommen, einen

Schlag aufs Ohr, der Ohrring flog weg, sie hat Sterne gesehen. Jemand griff ihr in den Dutt, Kopfschmerzen waren die Folge.

Ein Zeuge – Tabakfacharbeiter war ich gewesen – zog Frau Kalif zurück, als sie bei dem raufenden Duo mitmischen wollte: Lass die doch alleine. Sie hat ihn gekniffen.

Wie heftig hat sie eingegriffen?

Mit Händen und Füßen.

Sie soll auf dem Mann rumgesprungen sein, als er auf dem Boden lag? Trat sie ihm zweimal ins Gesicht?

Kann sein, oder nich ins Gesicht, uffn Körper, anjesprungen, aber nich raufjesprungen.

Wer von den Männern hat angefangen mit der Prügelei?

Beide gleichzeitig. Wie es sich so ergibt.

Der Begleiter rannte weg, kam mit fünf, sechs Männern zurück, die stürzten sich wieder auf den wütenden Mann.

Wo kamen die denn alle plötzlich her?

Ja, das möchte ich auch wissen.

Den Namen des Begleiters will Frau Kalif nicht nennen. Ein Familienangehöriger, sie hat Angst. Der wütende Mann, der Geschädigte, ist nicht erschienen. Frau Kalif fühlt sich selber geschädigt. Die Richterin sieht das anders. Frau Kalif ist der gefährlichen (weil gemeinsam begangenen) Körperverletzung im minder schweren Fall (weil sie dem Begleiter ja zu Hilfe eilen wollte) schuldig: 2700 Mark Strafe.

Frau Kalif ist sauer.

Den Mann vom Arbeitsamt hätte das Urteil vielleicht gefreut. Die Türken haben keinen Respekt vor unseren Gesetzen, die machen ihre eigenen, die denken, die Deutschen sind dumm, hat er gesagt, draußen, in der Pause. Er hat es geflüstert, denn Frau Kalif redete zwei Plätze weiter mit ihrer Freundin. Sie redeten türkisch, aber Frau Kalif hört und spricht perfekt deutsch. Sie ist nämlich deutsche Staatsbürgerin.

Der Mann vom Arbeitsamt hat das Urteil aber nicht abgewartet. Er war schon zurückgeeilt, zu seinen Kunden.

Sechzehn

Eine ganz persönliche Sache

Christian F., 33, aus Bergen auf Rügen und Nara Sh., 32, aus Ulan-Bator, beide wohnhaft in Berlin, sind der Scheinehe angeklagt. Sie sollen geheiratet, aber nicht zusammengelebt haben. Sie hätten es aber auf der Ausländerbehörde behauptet, um Naras Aufenthalt zu verlängern.

Herr Christian verweigert die Aussage. Frau Nara spricht. Sie spricht ein sehr gutes Deutsch: Wir haben geheiratet, zusammengelebt. Ich hab ihn geliebt.

Ein ungleiches Paar. Nara, mit DDR-Abitur, begann Außenhandel zu studieren. Das konnte sie nach der Wende vergessen. Fing noch einmal von vorn an mit Betriebswirtschaftslehre. Schloss mit 1,7 ab und bekam gleich eine Stelle als Vertreterin der mongolischen Bahn in Deutschland. Christian, Kellner und Koch, ist im Winter arbeitslos, im Sommer bedient er im Lokal der Mutter auf Rügen. Sie haben ein Kind adoptiert, die uneheliche Tochter einer Schwester von Nara.

Der Mitarbeiter der Ausländerbehörde sagt aus: Ich

vertrat einen Kollegen bei der Publikumsbearbeitung. Ich hatte einen Verdacht gegen Frau Sh., den hab ich gemeldet. Der Kollege kam zurück, und ich hatte nichts mehr mit der Sache zu tun.

Die Verwalterin des Studentenwohnheims sagt aus: Wir haben zweitausend Plätze, da sieht man nicht alles. Ich kenne nur die Frau. Sie war drei Jahre Mieterin, mit Schwester, Schwager und den beiden Kindern. Ich habe nie Klagen gehört, dass noch jemand dort eingezogen wäre.

Christians Mutter sagt aus: Beide haben Silvester '97 angerufen, dass sie heiraten wollen. Sie kannten sich seit '92, haben im Maredo gearbeitet. Ich war sehr skeptisch, da ich über seinen Körper Bescheid weiß. Er ist bisexuell. Wir haben telefoniert. Wenn Christian im Sommer bei mir auf Rügen gekellnert hat, hab ich zu Nara gesagt: Komm hoch. Wir holten sie mit dem Auto ab. Mal hat sie auch geweint: Mutti, Christian hat wieder einen über den Durst getrunken und ist nicht nach Hause gekommen. Gezankt haben sie nicht.

Die Wohnungsnachbarin sagt aus: Ich kenne nur die Frau Sh. Nachdem die Beamten die Wohnung durchsucht hatten, stand der Mann vor meiner Tür. Seit vorigem Jahr steht auch sein Name am Briefkasten. Ich dachte erst, sie hat einen Untermieter. Ich hab nichts gegen Frau Sh. Ich hätte auch nichts dagegen gehabt, wenn sie einen Mongolen geheiratet hätte. Sie geht ja auch arbeiten. Ich höre, wenn sie geht und wenn sie kommt.

Ihre Tür wird immer hart zugeknallt. Einmal sagte sie: Mein Mann hat gesagt, du hast aber eine nette Nachbarin. Aber ich kannte den Mann gar nicht. Sie darauf: Ich hab einen deutschen großen Mann.

Die Polizeibeamtin sagt aus: Wir ließen die Wohnung öffnen, Frau Sh. war arbeiten, wir haben die Nachbarin als Zeugin gebeten und sie zeugenschaftlich vernommen. Wir konnten nicht definitiv feststellen, dass Herr F. in der Wohnung lebt. Wir haben sogar den Wäschekorb nach schmutziger Kleidung durchsucht. Es gab nur eine Reisetasche mit Männersachen, einen Karton mit Akten von beiden und zwei gerahmte Hochzeitsfotos.

Naras Schwester sagt aus: Ich lernte Christian vor sechs Jahren kennen. Meine Schwester hat Christian geliebt, deswegen hat sie ihn geheiratet. Zuerst war ich dagegen. Nicht, weil er Deutscher ist. Ich wollte, dass sie jemanden mit Hochschulabschluss heiratet, einen Reichen, einen Businessmann. Er wohnte mit in der Studentenwohnung. Wir waren sehr kalt miteinander. Ich habe einfach meine Tür zugemacht.

Ein junger Mann sagt aus: Ich kenne Christian aus der Schwulenbar »Besenkammer«. Wir sind beide Stammgast. Er hat erzählt, dass er bisexuell und mit einer Ausländerin verheiratet ist. Wenn er getrunken hat, hat er bei mir übernachtet. Wir haben keine Beziehung.

Der Staatsanwalt plädiert: Es lässt sich nicht beweisen, dass die eheliche Gemeinschaft nicht besteht. Im Zweifel für die Angeklagten.

Der Richter teilt mit, er sei nicht blind. Doch entscheidet er auf Freispruch. Die Ehe von Nara und Christian sei sicher ungewöhnlich. Nicht weil sie Mongolin sei und nicht wegen des unterschiedlichen Bildungsgrades. Aber sexuelle Neigungen und wie Leute ihre Ehe ausgestalteten, spiele für die Beurteilung keine Rolle. Das sei, sagt der Richter, ihre ganz persönliche Sache.

Über diese Worte ist nicht nur Nara froh.

Siebzehn

Make Love, not War

Die Mindeststrafe für räuberischen Diebstahl ist ein Jahr, verkündet der Richter. Dieser liegt vor, wenn der Dieb sich nicht einfach mit der Beute davonmacht, sondern jemanden bedroht oder verletzt. Dann, sagt der Richter, wird der auch wie ein Räuber bestraft.

Der Räuber ist ein braver Junge aus Steglitz mit einwandfreiem Haarschnitt und sauberem Strafregister. Gelernter Tischlergeselle, aber Tischlern ist nicht das, was er machen möchte.

Was möchten Sie denn machen?

Weiß nicht. Ein bisschen lustlos der Junge, was den Alltag betrifft.

Am 22. Juli vergangenen Jahres hatte er Spaß. Den ganzen Tag Tanz und Cola-Wodka und zwischendurch ein Joint. Es war Love Parade.

Love Parade? Der Richter verzieht angewidert das Gesicht. Ich fahr da immer am Freitag weg.

Um elf hatte der lustlose Tischler seine Freundin Anna im Gewühl verloren. Dann traf er Freunde. Dann waren auch die weg. Weit nach Mitternacht trottete oder torkelte er durch die Altonaer Straße, da standen Liegestühle auf der Wiese. In einen legte er sich und schlief ein bisschen. Als er wach wurde, war sein Rucksack geklaut. Dafür fand er was: An einem Baum, neben blauen Müllsäcken, stand ein Sixpack mit Gläsern, schweren Havanna-Cocktailgläsern. Die nahm er mit, und weil er durch den dunklen Tiergarten wollte, griff er noch eine von den Fackeln, die den Getränkestand beleuchteten. Da kam ein junger Mann und meinte, das sei seine Fackel. Nee, sagte der Tischler, die hab ich gekauft, er fand das sehr witzig. Es kam ein zweiter Mann und wollte die Gläser zurück. Da hat's klick gemacht, sagt der Tischler, und ich hab die Kiste gegen den einen geschmissen. Und dann lag ich am Boden, im Schwitzkasten. Ich hab ein bisschen das Bewusstsein verloren.

Na, das ist ja der reine Frohsinn, kommentiert der Richter. Sie sind ein Opfer dieser verfehlten Tiergartenschändungspolitik. Der ganze Tiergarten wird verhunzt durch diese Art von Fröhlichkeit. Haben Sie schon öfter mitgemacht? Was ist denn so schön daran?

'ne Menge Leute.

Also saufen können Sie doch sonst auch. Aber dort ist gleich ein Gebüsch, nicht wahr, wo man reinkotzen kann. Ich nenne das einfach Senats-Sauf-und-Kotzfeste. Man kann sich ganz schön reinreißen, indem man dem Ruf des Senats folgt. Was für ein überflüssiger Mist.

Dem Staatsanwalt ist unbehaglich. Versuchen wir mal,

daraus einen Sachverhalt zu machen, schlägt er vor. Sie dachten, die Gläser, das ist Müll?

So weit hab ich nicht gedacht, ich hab mich einfach gefreut, dass ich was Schönes gefunden hab.

Sie wissen noch ganz genau, dass Sie die Kiste geworfen haben und die Fackel nicht? Wie das?

Einige Erinnerungslücken haben sich gefüllt, sagt der Tischler, andere nicht.

Der Zeuge und Geschädigte Peter T., dem die mobile Bar gehörte, hat Erfahrung mit angetrunkenen Personen: Wir wollten in Ruhe mit ihm reden, er war ja kein Gangster. Doch dann gab's bei ihm so einen Klick, Gläser flogen, Scherben klirrten, die Brille war weg. Eine Schlägerei, ich hab einiges abbekommen.

Der Angeklagte hat hier gesagt, es tut ihm Leid, dass er Sie verletzt hat.

Das ist mir sehr recht, sagt der Geschädigte, ich möchte auch nicht, dass so ein Aussetzer ihm für sein Leben schadet.

Der Richter lächelt glückselig: Das ist ja hier nur noch Love, nicht mehr Parade.

Der Staatsanwalt sagt: Es scheint mir, dass räuberischer Diebstahl schwer nachzuweisen ist.

Ist gut, dass Sie das sagen, das entspannt die Atmosphäre. Weil wir den dann nicht für ein Jahr ins Gefängnis bringen müssen, freut sich der Richter.

Der Tischler ist kein Räuber mehr, aber die geschmissenen Gläser bleiben: gefährliche Körperverletzung, das gibt mindestens sechs Monate. Man könne aber, plädiert der Staatsanwalt, die Tat als minder schweren Fall betrachten. Der Angeklagte ist nicht vorbestraft, geständig, hat sich entschuldigt, er zahlt Schadensersatz und Schmerzensgeld. Der Staatsanwalt beantragt drei Monate, umwandelbar in eine Geldstrafe. Nun, sagt er, ist das Verfahren in eine Friedensverhandlung abgeglitten.

Aaabgeglitten, ruft der Richter. Nicht abgeglitten, aaaufgestiegen! Die Verhandlung hat die Niederungen des Streits verlassen und die Höhen des Friedens erklommen. Kommt selten vor.

Achtzehn

Feuer in der Dunkelheit

Für den Moment, wo sie sich küssen, sehen der lange Latsch und die zierliche Frau aus wie ein Liebespaar. Na endlich, ich dachte schon, du kommst nicht, sagt die Frau, und ob er eine Zigarette habe. Der Junge hat keine. Die Mutter hat die blassen hohlen Wangen mit Rouge aufgefrischt. Heute geht's um alles. Ich hoffe, es ist das letzte Mal, sagt sie. Es klingt nicht sehr stark, ihr Einfluss ist schon lange verloren.

Von der Zuschauerbank aus kann sie nur den Rücken ihres Großen sehen, der einmal ein so folgsames Kind war. Jetzt ist der Neunzehnjährige ein Verbrecher, ein Brandstifter. Meist legte er das Feuer in Kellern, im Haus einer Polsterwerkstatt, im eigenen Wohnhaus, im Freizeitheim. Er hielt das Feuerzeug an Gardinen, Putzlappen, Pappkartons. Fast immer schmolzen Elektrokabel, platzten Wasserrohre. Mehr als zehnmal hat er gezündelt in den letzten drei Jahren. Das hört sich krank an und legt die Frage nahe, ob dieser große Junge mit der leisen Stimme nicht Hilfe braucht statt Strafe.

Der Richter sucht das Motiv. Haben Sie sich über jemanden geärgert, über die Leitung des Freizeitheims? Ist es der Nervenkitzel, ob man erwischt wird? Warten Sie, bis die Feuerwehr kommt? Gucken Sie, ob was vom Feuerteufel in der Zeitung steht? Haben Sie vor Freunden angegeben, Sie wüssten, wer den Brand gelegt hat?

Immer sagt Dennis nein. Ich habe nie jemandem was erzählt. Er weiß keinen Grund, und Freunde hat er auch nicht. »Schlechte Gesellschaft« hat ihn schon viermal vor den Jugendrichter gebracht. Aber das Feuer hat er ganz allein gezündet. Warum?

Als Kind, wenn er das Tatütata der Feuerwehr gehört hat, war er hin und weg. Einmal gab es einen Großbrand in einem Reifenlager. Die Flughafenfeuerwehr rückte ein. Der Vater, ein Kraftfahrer, nahm ihn mit dorthin. Das war ein »krasses, unglaublich heftiges Gefühl«, das blieb im Gedächtnis. Dennis wollte Feuerwehrmann werden. Aber es wurde nichts draus, Dennis blieb lieber im Bett.

Er ist ein Einzelgänger, seine Strategie der Rückzug. Bis zur Einschulung hatte er keine sozialen Kontakte. Seine Mutter, Arbeiterin in einer Schokoladenfabrik, wollte alles richtig machen. Sauberkeit ist ein großer Wert, Unsauberkeit der erste Schritt zur Verwahrlosung. Dennis war früh sauber und sprach spät. Bis er acht war, schlief er neben der Mutter. In der Schule war er still, aber er fürchtete sie. Er hatte nicht gelernt, sich zu wehren. Die Eltern ließen sich scheiden. Als der Vater weg war, schwänzte Dennis die Schule. Er ist morgens einfach nicht mehr aufgestanden.

Einmal, beim Gutachter von der Jugendpsychiatrie, sollte er Bilder beschreiben, was er sieht und fühlt. Auf einem steht ein Mann am Fenster. Dennis sagte: Es gibt einen Mann, der im Dunkeln lebt. Er lebte schon als Kind so. Dort fühlt er sich nicht beobachtet. Er geht abends raus, er lebt ungern unter Menschen. Er lebt im Dunkeln.

Der Gutachter stellt eine dissoziale Fehlentwicklung fest, bis hin zur Gleichgültigkeit, verstärkt durch den Dauerkonsum von Cannabis. Dennis hat nie gedacht, dass aus dem Feuer eine Katastrophe werden könnte. Er habe eine verletzbare Persönlichkeitsstruktur. In Konfliktsituationen identifiziere er sich mit den Schwachen, fühle sich selber als Opfer. Auseinandersetzungen mit dem Verursacher von Ärger vermied er, er reagierte sich mit Feuer ab. Eine Art Kompensationsversuch, aus einem Unterlegenheitsgefühl heraus Macht auszuüben. Dennis sei kein Impulstäter, und es lägen auch keine sexuellen, triebhaften Motive vor. Keine Paranoia im Sinne schizophrener Störung, sagt der Gutachter. Dennis sei nicht krank, also schuldfähig.

Der Richter gibt Dennis vier Weisungen – Betreuung, Ausbildung, Drogentherapie und betreute Wohnform – und drei Monate Zeit, so leben zu lernen. Funktioniert es nicht, drohen ihm eineinhalb Jahre Gefängnis. Aber da will ihn der Richter nicht sehen: Wie Sie sich da behaupten, wenn Sie sich schon draußen nicht behaupten können ...?

Nach der Verhandlung umarmt Dennis die Mutter noch einmal. Für den Moment sehen sie wieder aus wie ein Paar. Dann gehen sie auseinander. Welche Erwartung Dennis an die Zukunft hat, ist schwer zu erraten. Vielleicht ist ihm alles zu viel, und er bleibt einfach im Bett. Eines der dunklen Bilder hatte er so beschrieben: Wie jeden Abend steht ein Mann an der Laterne und wartet auf nix.

NEUNZEHN

Die wundersame Geldvermehrung

Wie sieht er aus, der Mann, der behauptete, er könne Geld vermehren auf wundersame Weise? Und dem es gelang, dies einen anderen glauben zu machen, so dass der ihm ein kleines Vermögen gab im blinden Vertrauen? Was ist das für ein Verführer, Hexer, Gaukler, Täuscher, Blender? Ein hundsgemeiner Betrüger oder ein eleganter Zauberer à la David Copperfield?

Schön sieht er aus, bildschön. Er ist ein schöner Schwarzer von 23 Jahren, groß und schlank wie eine Statue, ein schmaler Kopf mit feinem Profil, ein Gesicht mit ebenmäßigen Zügen. Der kahle Schädel wirkt wie poliert, wie jene afrikanischen Plastiken aus geschwärztem Holz, die in den Küstenorten am Mittelmeer zum Kauf geboten werden. So einer, denkt man, könnte glatt viel Geld als Model verdienen, doch hat ihn anscheinend noch keiner entdeckt. Da wurde er zum Entdecker seiner selbst, seiner eigenen Möglichkeiten.

Die Erfindung war so unglaubhaft wie überzeugend. Jedenfalls für den einen, den 34-jährigen Ägypter, der in Pankow mit Gemüse handelt. Die beiden hatten sich im Zug von Belgien nach Berlin kennen gelernt, wo der elegante Zauberer dem staunenden Gemüsehändler verriet, er sei in der Lage, durch Verwendung verschiedener Chemikalien Geld zu vermehren. Später folgte in einem Hotelzimmer das Experiment: Zuvor wurden zwei Fünfzigmarkscheine mit einer chemischen Substanz so präpariert, dass sie aussahen wie wertloses weißes Papier. Bei der Vorführung kam nun ein Fünfziger zwischen die weißen Blätter, sie wurden drei Minuten gepresst, dann im warmen Wasser geschwenkt, und, Simsalabim, schwammen plötzlich dreimal fünfzig Mark im Handwaschbecken.

Der Gemüsehändler, vom Fieber der Geldzeugung gepackt, beschaffte sich 13 000 Mark, nun sollte der Zauber im großen Stil getrieben werden. Wieder, diesmal in seiner Wohnung, wurden Geldscheine zwischen weißes Papier gelegt, nur war das wirklich weiß. Das Paket, mit einer braunen Chemikalie getränkt, wurde mit Alufolie fest verschlossen und sollte wegen seiner Dicke bis zum nächsten Tag ruhen. Als der Gemüsehändler es dann öffnete, bemerkte er eine seltsame Verwandlung: Seine Geldscheine waren zu Papierschnipseln geworden, der Zauber war faul. Die falschen Chemiker hatten das Paket bereits am Vortag unbemerkt ausgetauscht.

Ja, Mittäter hatte unser schöner schwarzer Magier auch, drei, doch im Amtsgericht Tiergarten muss er sich allein verantworten. Man hat ihn aus der U-Haft in den

Saal 572 gebracht. Er hat auch gestanden, aber ist er überhaupt der Richtige? Er heiße nicht Eric, sondern Charles, wie der Prinz, und Alain wie Delon. Er sei nicht aus Gabun, sondern aus Kamerun, wohne nicht in Paris, sondern in der Nähe davon, sei nicht Student, sondern in der Ausbildung zum Mechaniker.

Verheiratet sind Sie aber tatsächlich?

Nein.

Aber Sie haben Kinder?

Nein. Es sind die Kinder meiner Schwester, aber sie wohnen bei mir.

Ach wie gut, dass niemand weiß. Im deutschen Märchen hilft Rumpelstilzchen der Königin in den Nächten, aus Stroh Gold zu spinnen. Als Lohn fordert es ihr Kind, falls sie seinen Namen nicht erraten kann. Im französischen Märchen heißt der Kobold Ricdin-Ricdon, vielleicht hat Charles Alain den Kindern der Schwester an den Abenden die Geschichte vorgelesen, vielleicht hat er da den Traum vom Wunder ersponnen, das zu vollbringen er in der Lage sein wollte. In der modernen Variante, mit stinkender Chemie, kühler Alufolie und Scheinen statt Gold.

Und der ägyptische Gemüsehändler aus Pankow, war der bloß ein Depp? Von geringer Schulbildung vielleicht, aber einmal ist er auch Kind gewesen, gab es da auch Märchen mit fliegenden Teppichen, Flaschengeistern und anderen zauberhaften Möglichkeiten, die eine nüchterne Realität in ein Traumland verwandelten, in dem Milch und Honig fließen und süße Feigen von den Bäumen regnen.

Der betrogene Träumer ist sein Geld los. Aber so dumm war er nun auch wieder nicht, dass er nicht gelernt hätte und am Ende die Betrüger betrog: Als er sich am Telefon beschwerte und sein Geld zurückverlangte, boten sie ihm Beteiligung am »Geschäft« an. Er ging zum Schein darauf ein und kam zum Treffen mit der Polizei.

Der Richter gibt dem schönen Hexer eineinhalb Jahre auf Bewährung, er entlässt ihn aus der Haft und schickt ihn zurück nach Paris, zu der Schwester, den Kindern und den Märchen, in denen noch aus Stroh Gold werden konnte.

Zwanzig

Blaue Erinnerung an Antina

Antina ist tot. Antina war ein Punkmädchen mit viel Metall im Gesicht. Vor einem Jahr lebte sie noch. Am 20. März tauchte sie in der Wrangelstraße auf, aber keiner im Gerichtsraum kann sagen, wer sie war. Eine hysterische Person, sie sah heruntergekommen aus, sie war auf dem absteigenden Ast, sagt ein Polizist, der dort öfter Streife läuft. Sie sah aus, als ob sie der Heroinszene angehört, sagt er. Aber die Heroinszene trifft sich nicht in der Wrangelstraße; am Rewe-Markt lungert nur die Trinkerszene. Wenn die Polizei vorbeifährt, geht großes Gegröle los, aber wir lassen die in Ruhe, eigentlich sind das friedliche Leute, sagt der Polizist. Leute wie Gerhard, die vielleicht vierzig sind und vielleicht einmal einen Beruf gelernt haben, Melker zum Beispiel. Leute, die den Nachtschlaf auf Bänken der U-Bahnhöfe kennen und morgens um sieben am Bahnhof Hermannplatz ohne Fahrschein erwischt werden; das kommt dann ins Strafregister und heißt »Erschleichen von Leistungen«. Leute, die betrunken die Wohnung des Saufkumpans demolieren und dafür einen Eintrag wegen Hausfriedensbruchs und fahrlässigen Vollrauschs kassieren und für den Lieblingssatz an die »Bullen« – Ihr seid doch ein Haufen Scheiße – eine Beleidigungsklage dazu. Leute sind das, die schon viel zu lange von 440 Mark Sozialhilfe im Monat leben, um noch irgendeine andere Sehnsucht zu haben als das tägliche Quantum.

Wer nun aber auf dem Weg zur Seligkeit gestört wird, der kann zum Berserker werden. Antina, das Punkmädchen, hat das zu spüren gekriegt. Und alle anderen zu hören. Antina schrie wie am Spieß. Aber niemand hat wirklich was gesehen. Und Antina kann nicht mehr reden.

Körperverletzung und in Schritt jefasst lehn ick ab, sagt Gerhard, ick hab 'ne Freundin von fünf Jahren, die stand aufe annere Straßenseite, da werd ick doch nich … Ick hab se nur an Kragen jefasst. Ick hab se bloß anne Wand jedrückt.

Aber warum denn, um Himmels willen?

Weil se sich in Gespräche einjemischt hat, die se gar nüscht angingen. Gerhards Bier war alle. Bei den Bauarbeitern auf der Wrangelstraße wollte er schnorren. Antina wollte es aber verhindern. Das Übrige verschwindet im Nebel der Zeit.

Ich hab nur jemanden schreien hören und bin ans Fenster. Ich hab gesehen, dass sie von einem Mann bedroht wurde, sagt die Frau, die im Haus schräg gegenüber wohnt.

Bedroht?

Er war ganz dicht an ihr dran. Er hat sie geschubst, in die Ecke geknallt. Dann war nur noch sein erhobener Arm zu sehen. Ich hab gebrüllt: Ich seh das. Sie hat gerufen: Machste meine Zeugin? Dann bin ich Kaffe kochen gegangen.

So war das vor einem Jahr in der Wrangelstraße.

Es kam auch ein Schüler mit einem Fahrrad: Ich wurde belatschert, ich soll mich einmischen. Ich stand zwischen den beiden. Er hat rumgeschimpft, nach ihr getreten. Es war kein Wirkungstreffer.

Hat er nun getroffen oder nicht?

Nein.

Eine volle Bierbüchse hat er geworfen, aber die ging daneben. Der Schüler kriegte die Spritzer auf die Hose, das zu sagen war ihm wichtig.

Gerhard ist ein kleiner, kräftiger Mann mit einem großen runden Kopf. Die kurz rasierten Stoppeln zwischen tiefen Geheimratsecken zeichnen eine scharfe Spitze auf die Stirn. Die Beschimpfung Hurefotzeschlampe gibt er zu. Im Protokoll ist weiterhin ein blaues Auge bei Antina vermerkt. Doch niemand kann sich an Antinas Gesicht erinnern. War es blau?

Von mir hat se das jedenfalls nich, sagt Gerhard, und die Richterin hält das für möglich. Immerhin zeigt sich ein Veilchen gewöhnlich erst geraume Zeit nach dem Schlag.

Die Gesamtumstände des Vorfalls sind nicht aufzuklären. So gesehen erweist es sich für Gerhard als vorteilhaft, dass das Punkmädchen nichts mehr sagen kann. Niemand weiß Näheres über ihren Tod. Die Richterin erfuhr davon, als sie Antina laden wollte.

Es bleiben Beleidigung und der Wurf mit der Bierbüchse: Sie hätte treffen können. Gerhard soll 120 Tagessätze à zehn Mark zahlen. Da er nicht zahlen kann, soll er arbeiten.

Kann ich da weitermachen, wo ich grade bin, fragt er eifrig. Er kann. Er ist dabei, das Schwarzfahren, den Vollrausch und den Hausfriedensbruch abzuarbeiten.

Mach ich liebend gern, was Besseres kann mir nicht passieren.

Wenn die Strafzeit auf dem Friedhof dann vorbei ist, bleibt Gerhard wieder nur die Ecke am Rewe-Markt.

Einundzwanzig

Mit Kind und Kegel

Als die Mauer fiel, wollte Herr M. nicht mehr Vater sein. Herr M. war nun Opfer. Opfer der Stasi und der Frau, die ihn zum Vater ihrer Tochter gemacht hatte. Die Tochter war sieben, Herr M. hörte schlagartig auf, Unterhalt zu zahlen. Ich hatte nie Schwierigkeiten mit Herrn M., sagt die Mutter des Kindes, er hat immer pünktlich gezahlt, bis '89, da wollte er einen Vaterschaftstest.

Der hat bis heute nicht stattgefunden, Herr M. steht mit 36800 Mark im Minus, und die Möglichkeit, die Vaterschaft anzufechten, ist passé.

Warum haben Sie denn plötzlich nicht mehr gezahlt, fragt der Richter.

Ich habe die Zahlung eingestellt auf Grund der Tatsache, dass es nicht meine Tochter ist. Herr M. befleißigt sich des Tones, den der Staatsanwalt vorgegeben hat. Aber dann lässt er alles Bemühen fahren und redet, wie es seine Art ist: Und solange kein Test gemacht wird, sieht se keinen Pfennig.

Und warum meinen Sie, nicht der Vater zu sein?

Na, wegen Aussehen und so.

In der Tat, ähnlich ist Manuela dem Mann nicht. Der selbstständige ledige Gerüstbau-Unternehmer mit einem Angestellten, aber ohne Gerüst ist ein großer, ziemlich schwerer Mann, das Mädchen zum Umpusten dünn, ein Hühnchen, die Rippen gucken durch das lila Hemdchen mit den Spaghettiträgern. Von der Mutter kann sie diese Vorzüge nicht haben, breit in den Hüften sitzt die Frau im Zeugenstuhl, und auch ohne die neongrüne Jogginghose würde sie kaum eine bessere Figur machen. Nach wem kommt das Mädel aber dann?

Außerdem, sagt der Mann, haben wir uns nur ein einziges Mal getroffen, dann hat sie sich gleich verabschiedet. Sie sei grad aus dem Gefängnis gekommen, er musste anschließend rein. Dort habe er gehört, dass sie schwanger sei. Ich war ja nicht der Einzige, mit dem sie Verkehr hatte.

Woher wissen Sie das?

Spricht sich rum bei den Kumpels.

Eine Stunde Rittmeister, achtzehn Jahre Zahlmeister, sprach man früher. Das sieht M. nicht ein. Heute gibt es den Gentest. Außerdem hat man mich bearbeitet im Knast, sagt er. Wenn er die Vaterschaftserklärung unterschriebe, käme er schneller raus, damit er Unterhalt zahlen könne.

Wie bearbeitet?

Angekettet, paar in die Fresse. Das Gefängnis war so 'ne Art Straflager, Rüdersdorf. Er habe nämlich wegen

Beleidigung staatlicher Organe gesessen, sieben Monate, sagt der Mann. Im Osten galt ich als politisch unzuverlässig.

Stimmt nicht, sagt die Frau, es war wegen Körperverletzung. Und sie selber sei nie im Gefängnis gewesen.

Jugendwerkhof, fragt der Verteidiger, ist das nicht was Ähnliches? Warum waren Sie da?

Weil ich mal grade nicht wie ein Mädchen war, sondern wie 'n Junge, Äppel klau'n in Gärten, was Kinder so machen.

Sie seien drei Jahre zusammen gewesen, sagt die Frau. Der Mann lacht höhnisch. Der Richter verbittet sich das. Die Frau sagt, da waren keine anderen Männer, er weiß, dass ich treu war. Ganz stolz war er auf seine Tochter, ich kann die Fotos zeigen, er mit dem Baby auf dem Arm. Und seine Eltern haben sich wie Großeltern gekümmert. Wenn er mal ein halbes Jahr gezahlt hätte, hätte ich auch dem Test zugestimmt.

Aber er hat doch gezahlt?

Ja, aber nur bis zur Wende.

Der Mann behauptet, er habe schon zu DDR-Zeiten versucht, die Vaterschaft anzufechten. Sein Verteidiger sagt, er habe es gerade nicht getan, sonst wäre er doch wieder in Haft gekommen.

Die Tochter sagt, sie kenne den Mann nicht. Sie hat ihn nur zweimal gesehen, als Baby und vor der Jugendweihe. Sie will den Test nicht haben: Weil ich ganz genau weiß, dass er mein Vater ist.

Ob Herr M. der biologische Vater ist, interessiert sowieso niemanden mehr. Die Frist zur Reklamation war am 3. Oktober 1991 abgelaufen. Herr M. hat sich aber erst 1993 bemüht – zu spät für seine Geschichte. Er hatte mehrere Erklärungen unterschrieben, im Gefängnis und später.

Durch diese Anerkennung sind Sie der gesetzliche Vater, sagt der Richter, selbst wenn alle Welt weiß, dass das Kind ein so genannter Kegel ist. Es weiß aber nicht alle Welt. Die Chancen stehen fünfzig zu fünfzig. Der Richter hat Verständnis für M.s Zweifel, aber keines dafür, dass er die Zahlungen einstellte und auch noch stur bleiben will. Herr M. bekommt sechs Monate auf Bewährung. Herr M. bleibt Vater. Und Opfer.

Zweiundzwanzig

Der Schlitzer

Im April des Jahres 2000 wird ein Mann, nennen wir ihn Herrn Fuchs, angerufen: In der BILD-Zeitung ist Ihr Foto. Sie werden gesucht. Herr Fuchs kauft sich eine BILD. Tatsächlich, auf Seite drei, das ist er. Unter dem Foto springt ihn die Zeile an: »Der Schlitzer vom KaDeWe«. Und: »Polizei sucht ungewöhnlichsten Gangster von Berlin«. Also ihn, Herrn Fuchs. Herr Fuchs kann es nicht glauben. »Na, kennen Sie diesen Mann?«, fragt BILD. »Dann rufen Sie bloß schnell die Polizei an.« Herr Fuchs kauft andere Zeitungen, sieht sein Gesicht, liest: Seit 1998 treibt er sein Unwesen. In vierzehn Kaufhäusern des Karstadt-Konzerns zerschlitzte er Textilien im Wert von fünfzigtausend Euro, Outdoor-Jacken, Lederjacken, Mäntel, auch Betten. Er schleicht zwischen den Kleiderständern herum, zückt Rasierklinge oder Skalpell. Schnell stößt er zu, immer links, wo das Herz ist. Mehr als fünfzigmal tat er es, bisher unbemerkt. Jetzt hat ihn eine Videokamera gefilmt.

Die Zeitungen befragen Psychologen. Wahrscheinlich

ein Mitarbeiter, der sich an seinem alten Arbeitgeber rächen will, sagt einer. Der Mann ist krank. Jedes Mal, wenn er etwas zerstört, stößt er einen Hilfeschrei aus. Er möchte eigentlich erwischt und bestraft werden.

Von ihm geht keine Gefahr aus, sagt ein anderer.

Das ist ein psychopatischer Sadist: Noch vergreift er sich an Gegenständen. In der nächsten Phase verletzt er Menschen, widerspricht ein Dritter.

Er ist der Schlitzer, der Irre, der Kranke, der Ripper, der Sadist, der geistig Verwirrte. Er – Fuchs.

Von einem Tag zum anderen änderte sich unser Leben, sagt Frau Fuchs. Dreieinhalb Jahre unter Verdacht, wissen Sie, wie das ist, sagt Herr Fuchs. Wir haben drei Kinder, Jugendliche, wie sollten die damit klarkommen, sagt Frau Fuchs. Unsere Existenz stand auf dem Spiel, mein Beruf, sagt Herr Fuchs.

Herr Fuchs ist Mitarbeiter einer Bundesbehörde, er verdient 4500 Euro netto. Er konsultierte seinen Anwalt. Dann ging er zur Polizei: Ich bin der auf dem Foto. Ich bin nicht der Schlitzer.

Lange hörte er nichts. Plötzlich das Schreiben von der Staatsanwaltschaft: Angeklagt.

Herr Fuchs trägt jetzt einen Bart. Er sieht nun so alt aus, wie er ist, 55. In den Zeitungen stand, er sei 35 bis 40 Jahre. Er trete als Biedermann auf, gepflegt, höflich. Niemand hatte den Schlitzer gesehen, aber alle wussten Bescheid. Die einzigen Aufnahmen stammten von dem Video. Im Gerichtssaal wird es abgespielt.

Man sieht einen Mann zu einem der Ständer mit den Jacken gehen. Er zieht eine heraus, betrachtet sie, lässt sie wieder zurückgleiten. Er hat etwas in der Hand. Nachher geht er mit einer Jacke aus dem Bild.

Ja, das sei er bei Karstadt, sagt Herr Fuchs, Müllerstraße, da gehen wir regelmäßig hin, so auch am 24. Januar. Winterschlussverkauf, Herr Fuchs brauchte eine Jacke. Die Tochter musste zur Toilette, die befindet sich im Restaurant. Die Frau ging mit, Herr Fuchs wartete bei der Freizeitkleidung. Eine Jacke gefiel ihm. Er blickte sich um, ob seine Frau nicht käme, ging ihr entgegen. Als sie sich gefunden hatten, zeigte er ihr die Jacke, weil er immer seine Frau fragt. Sie entdeckte den Schnitt auf der Brustseite. Sie brachten die kaputte Jacke zum Verkaufstresen und fragten nach einer anderen in Herrn Fuchs' Größe. Die gab es nicht. So schildert Herr Fuchs den missglückten Kauf. In seiner Hand, das sei im Übrigen sein Schlüsselbund.

Im Sicherheitsbüro des Kaufhauses war angerufen worden: Kommt mal her, da ist wieder eine Jacke geschlitzt worden. Doch wer das gemeldet hat, wurde nicht festgehalten und war nie mehr zu ermitteln, das muss der Sicherheitschef des Kaufhauses eingestehen. Das Video aber habe man sich angesehen, am selben Tag. Es schien nicht beweiskräftig. Eine eindeutige Schlitzbewegung habe man nicht erkennen können. Bei einer späteren Betrachtung will der Sicherheitschef aber dann doch ein verdächtiges Sich-Umsehen des Mannes bemerkt haben, er brachte das Video zur Polizei. So kam Herr Fuchs in die Zeitungen und ins Fernsehen.

Dass er sich nach seiner Frau umgeschaut hat, kann nicht sein, fragt der Richter.

Ich habe 24 Jahre Erfahrung, so schaut man nicht nach seiner Frau.

Weder Staatsanwalt noch Richter können in dem Video einen objektiven Beweis finden, dass Herr Fuchs der Schlitzer ist. Das Video zeige Kaufinteresse, mehr zeige es nicht. Herr Fuchs wird freigesprochen.

Ein paar Tage später hatte Herr Fuchs sich doch noch eine Outdoor-Jacke gekauft, mit seiner Frau, bei Karstadt in der Joachimsthaler Straße. Dunkelblau mit knallrotem Futter. Die nimmt er jetzt vom Haken und geht.

Dreiundzwanzig

Chip im Kopf

Eigentlich sollte es in dieser Verhandlung um die Beleidigung von Polizisten gehen, aber zum Vorschein kommt, wie einer versucht, sein bisschen eigenes Leben gegen unheimliche Kräfte zu behaupten. Markus K. wollte einkaufen, da standen vor dem Supermarkt zufällig ein paar Polizisten. Mit erhobenem Stinkefinger ging K. vorbei. Einen Stinkefinger braucht die Staatsmacht sich nicht gefallen zu lassen, sie holte K. an der Obsttheke ein. Es kam zum Wort- und Handgefecht, Kisten wackelten, das Obst rollte dahin und K. wurde verletzt. Er schrie Beleidigungen: Scheißbullen, Obersturmbannführer. Im Endeffekt gab es zwei Anzeigen: eine gegen Markus K., eine gegen den tätlichen Polizisten.

Markus K. fühlt sich verfolgt. Bei der Vernehmung gibt er zu Protokoll, die Beamten hätten seinen Besuch beim Europäischen Gerichtshof verhindern wollen. K. ist sicher, dass Leute versuchten, ihn in den Selbstmord zu treiben. Das ist gegen die Menschenrechte, sagt er. Ich verstehe nicht, warum meine Beschwerden nicht verhandelt werden. Er klopft auf den dicken Leitz-Ordner auf seinen Knien – das Beweismaterial.

Markus K., 37, ist ein intelligenter Mann. Aber mit seinem Kopf stimmt etwas nicht. Man habe ihm ein Implantat eingesetzt, einen Chip, mit dem man ihn zu steuern versuche. Er war, sagt er, noch ein Kind, die Eltern geschieden: Da hat mich mein Vater entführt. Im Krankenhaus wurde mir das einoperiert. Damit man mich immer orten kann.

Erst spät habe er gemerkt, was mit ihm los war, aber nachträglich sich viele merkwürdige Ereignisse erklären können. Er will bei den Vereinten Nationen gegen die Siegermächte des Zweiten Weltkrieges vorgehen: Die Yankees haben's mir eingepflanzt. Briten, Franzosen, Russen wollten mich vergiften, versklaven. Und Siemens ist verantwortlich für die Implantate. Ich habe alles gebündelt, das wird beim Landgericht eingereicht. Einen Türken trieben die in den Selbstmord, der sprang aus dem vierten Stock. Im Internet sind mehr solche Fälle beschrieben. Die haben sich des Völkermordes schuldig gemacht, und ich reiß allen den Arsch auf, die das hier dulden!

Der Computertomograph hat den Chip nicht gefunden. K. sagt, er liege zwischen Schädeldecke und Knochen: Die haben dort alles falsch gemacht.

Es war eine Art Schockzustand, als K. sein jetziges Erklärungsmodell klar wurde, sagt der psychiatrische Gutachter. Bis dahin hatte K. ein bewegtes Leben, immer als

Außenseiter. Kindheit in Deutschland und Schweden, Schule bis zur neunten Klasse, viele Orte, verschiedene Jobs. Mal war er Kraftfahrer, mal Veranstaltungsorganisator. Mal hatte er Geld, mal Schulden. Es gab Kokain und Ecstasy und einige kurze, aber anstrengende Beziehungen zu Frauen. Für eine seelische Störung gibt es einen tiefen Hintergrund, von dem der Gutachter aber nur wenig erhellen kann: Nach der Scheidung lebte die Mutter mit einer Gefährtin. Der sexuelle Wechsel habe dem Kind kaum Schwierigkeiten bereitet, wohl aber das dominante, kontrollierende Verhalten der anderen Frau.

Seit '96, sagt der Arzt, zeige sich der systematisierte Wahn. K. fühle sich abgehört und ferngesteuert. Er integriert zufällige Alltagsereignisse in sein Wahnsystem, nimmt die Realität verzerrt wahr. Phasenhaft, besonders bei Konfrontation, sei die Steuerungsfähigkeit aufgehoben, wie im Supermarkt. Aber es gebe kein eindeutiges Krankheitssymptom. K. bemüht sich um Kontrolle und Angepasstsein. Er will nicht in die Klapsmühle.

Ach, sagt K. erschöpft, ich bin so zugetextet worden. Das Gutachten entspricht nicht der Wahrheit. Ich lass mich nicht gerne als paranoiden Schizophrenen abstempeln, das haben schon viele Ärzte gemacht. K. will keinen Betreuer: Ich habe eineinhalb Jahre gebraucht, um den letzten wieder loszuwerden.

Der Staatsanwalt beantragt Freispruch, er findet das Gutachten über K.s Wahn einleuchtend. Der Angeklagte wird davon ausgehen, dass wir hier alle Teil einer Verschwörung sind, fürchtet er.

Das stimmt. Freispruch geht aber in Ordnung, findet K., auch wenn der Staatsanwalt mich als plemplem abstempeln will.

Die Richterin urteilt salomonisch: Eine so schwere seelische Störung, mag sie nun in der Einbildung bestehen oder objektiv sein, darf man nicht strafen.

Mit diesem Urteil kann Markus K. vermutlich eine Weile auskommen.

VIERUNDZWANZIG

Das rasierte Ticket

In seligen Zeiten, als man mit einem Ticket für 2,20 Euro noch zwei Stunden lang mit U- oder S-Bahn kreuz und quer durch Berlin fahren konnte, traf man immer wieder auf Gestalten, die den Aussteigenden an den Treppen auflauerten und sie nach dem Fahrschein fragten. Meist machten sie selber einen abgefahrenen Eindruck, und leicht verhungert sahen sie auch aus. Die Tatsache, dass sie nicht ein bisschen Kleingeld forderten, sondern nur den überflüssigen Rest jener zwei Stunden, den sie, das wusste man, weiterveräußern würden, allein die Tatsache also, dass sie nicht müßig gingen und bettelten, sondern sich auf kreative Weise so etwas wie einen Job gesucht hatten, veranlasste manchen, ihnen den noch gültigen Fahrschein zu überlassen. Zeit und Geld schrieb einem sowieso keiner gut, und zusätzlich stellte sich das erhebende Gefühl einer guten Tat ein.

Auch die Käufer wurden von der Nächstenliebe beseelt. Sie nahmen dem armen Tropf mit den flehenden Augen, der mit seinem Angebot am Fahrkartenautomaten hervorschoss, bevor noch das Kleingeld im Schlitz verschwand – is' noch 'ne Stunde drauf, kostet nur ein' Euro –, das Ticket ab. Ganz Mildtätige legten fünfzig Cent drauf oder zahlten voll – hätte es ja sowieso gekostet.

Aber ach, die Sitten verkommen, und wo das Gute ist, wächst das Verwerfliche auch. Ein paar Leuten war die Tätigkeit zu mühselig – sie holten abgefahrene Scheine aus den Papierkörben, kratzten das Datum mit der Rasierklinge weg, stempelten das Ticket aktuell und verscherbelten es sofort an Leute, die es eilig hatten. Sie taten dabei selber so, als ob sie schnell wegmüssten (das war ja auch nötig), nahmen den Euro und verschwanden in der Menge.

So war es auch bei Frau Parvaneh. Der Mann wies sogar den zweiten Euro, den die freundliche Frau ihm geben wollte, zurück, und weg war er. Zwischen Halensee und Hohenzollerndamm kam Kontrolle. Frau Parvaneh zeigte ihren Fahrschein – und sitzt nun vor dem Amtsrichter wegen Betruges.

Das Ticket ist so offenkundig rasiert, das musste ein Blinder sehen. Der hat sich überhaupt keine Mühe gegeben, sagt der Kontrolleur, der das Corpus Delicti am Richtertisch noch einmal »in Augenschein« nehmen darf. Erinnern kann er sich an Frau Parvaneh nicht, zu viele hat er in den vergangenen acht Monaten erwischt. Auch dass die Frau, wie der Richter meint, nicht wie eine typische Schwarzfahrerin aussieht, hat den Kontrolleur nicht nachhaltig beeindruckt. Wie erkennt man die typische Schwarzfahrerin? Man sieht es ihnen nicht an, sagt er.

Frau Parvaneh ist eine kleine adrette iranische Hausfrau um die vierzig mit modernem, rötlich getönten Kurzhaarschnitt, sie trägt eine schwarz-weiß gemusterte Bluse, ist schrecklich aufgeregt und versteht wenig. Am Ende der Beweisaufnahme fragt der Richter, ob er den Fahrschein einbehalten darf. Wie er es auch sonst immer tut, wenn es sich bei dem Beweisstück um ein Messer handelt oder einen Schlagstock. Es gehört zum festgeschriebenen Ritual. Aber bei einem wertlosen Papierschnipsel klingt die Frage komisch. Frau Parvaneh versteht nicht. Wird ihr unterstellt, sie wolle den Fahrschein noch einmal benutzen? Zu den Akten, klärt der Richter auf, er wolle ihn zu den Akten nehmen. Frau Parvanehs Akte ist rein. Sie will nicht, dass das unglückselige Ticket die Akte verschmutzt.

Ich wollte nicht Betrug, sagt sie. Ich habe Fehler gemacht. Ich wollte dem Mann helfen. Ich habe ihm geglaubt. Frau Parvaneh wollte den Mann nicht demütigen, indem sie ihm mit Misstrauen begegnete.

Der Staatsanwalt glaubt ihr, dass sie nicht selber manipuliert und dass sie bezahlt hat. Er glaubt ihr nicht, dass sie die Manipulation nicht entdeckt hat. Sie hat den Fahrschein arglos vorgezeigt, um darüber hinwegzutäuschen, dass sie es wusste, sagt er. Er hält die Frau für des Betruges überführt und beantragt 300 Euro Strafe.

Die Verteidigerin will das Geschehene anders interpretieren. Dass die Fälschung leicht zu erkennen war, sagt sie, liegt auf der Hand, Frau Parvaneh hätte das erkennen können, die Frage sei aber, ob sie es hätte erkennen müssen. Es war fahrlässig, den Fahrschein anzunehmen und einzustecken, aber fahrlässigen Betrug gibt es nicht. Betrug geht einher mit dem Vorsatz, mit der wissentlichen Täuschung. Sie hat ihn sich nicht angeguckt, das Gegenteil können wir nicht beweisen, sagt sie. In diesem Fall komme nur Freispruch in Frage.

Der Richter schließt sich dieser Meinung an. Da ist Frau Parvaneh aber erleichtert. Und um eine Erfahrung reicher. Fahrscheine, sagt sie, kauft sie jetzt nur noch am Automaten.

FÜNFUNDZWANZIG

Und er sah tatenlos zu

Eine Frau kommt nach Hause, nachts um eins in Friedrichshain. Sie findet sogar einen Parkplatz, parallel zum Bürgersteig. Die Lücke ist klein, aber die Frau ist eine routinierte Fahrerin, mit achtzehn hat sie den Motorradschein gemacht, jetzt ist sie 61, seit dreißig Jahren fährt sie Auto und hat keine Punkte in Flensburg. Als sie aussteigt, spricht ein Mann sie an, sie hätte Autos angefahren, ob sie das nicht gemerkt hat. Die Frau sagt nö. Er geht um die Wagen herum, entdeckt nichts, sagt, ich mache trotzdem eine Anzeige. Na, machen Sie doch, sagt die Frau, geht in die Wohnung, redet mit ihrem Mann, trinkt drei Gläser Wein. Eineinhalb Stunden später klingelt es Sturm: Hier ist die Polizei. Es beginnt eine kafkaeske Nacht.

Irgendetwas ist mit der Gegensprechanlage, die Frau öffnet nicht sofort, außerdem ist sie nackt, sie wollte gerade ins Bett, sie greift Sweatshirt und Gymnastikhose, es klingelt wieder: Machen Sie auf, Sie haben einen Unfall verursacht und Fahrerflucht begangen, ruft es an der

Haustür in die Sprechanlage. Die Frau sieht im Geiste alle Köpfe in den Fenstern hängen.

An der Wohnungstür bittet sie den wortführenden Polizisten, sich zu legitimieren. Hab ich nicht nötig, sagt der. Den Ehemann weist er ab: Mit dem spreche ich nicht, der hat 'ne feuchte Aussprache. Er lässt sich die Dokumente zeigen, nimmt alles an sich und fordert die Frau auf mitzukommen. Sie ist barfuß in Latschen, sie trägt keine Unterwäsche, draußen sind acht Grad minus. Sie denkt, man wird die Autos in Augenschein nehmen, sich überzeugen, dass nichts beschädigt ist. Dann kann sie ins Bett. Dass sich jemand entschuldigt für den rüden Ton, erwartet sie nicht. Obwohl sie es auch anders kennt. In ihrem Beruf als Lebensmittelchemikerin im Aufsichtsamt muss sie die Polizei manchmal um Amtshilfe bitten. Ihre Erfahrungen sind gut. Aber hier sind sie nicht auf gleicher Augenhöhe, sie und der junge Polizist. Sie soll in den Funkwagen steigen, so wie sie ist. Da weigert sie sich. Sie sieht keinen Sinn darin und erfährt ihn nicht. Der Polizist greift zum Telefon: Wir haben hier Schwierigkeiten mit älteren Herrschaften. Er fordert noch einen Funkwagen an.

Als er sie anfassen will, wehrt sie ab. In der Anklage steht: Sie schlug auf seine Hand. Der Ehemann, heißt es weiter, stellte sich zeitgleich dem Beamten in den Weg und drängte sich zwischen seine Frau und ihn. Angeklagt sind Widerstand, Angriff und die Beleidigung eines Amtsträgers. Der fühlte sich durch die Anrede: »Du Kerl, du Idiot« in seiner Ehre verletzt.

Mein Mann duzt nicht erwachsene Menschen, der hat selbst zu meiner Mutter Sie gesagt, sagt die Frau. Idiot gehöre nicht in seinen Wortschatz, sagt der Mann, ein Journalist im Ruhestand. Er habe keine gute Rolle gespielt in dieser Nacht. Er empfinde Scham darüber, wie er tatenlos geschehen ließ, was mit seiner Frau geschah. Wie man ihr Handschellen anlegte, ihr den Arm nach hinten drehte, den Oberkörper auf die Autohaube gedrückt. Wie man ihr befahl, die Beine zu spreizen. Wie man sie so stehen ließ, entwürdigt, gedemütigt, im hellen Licht der Kreuzung. Und er sah zu.

Das Ehepaar – die Frau in Handschellen – stieg dann doch noch in den Funkwagen. Sie landeten in der Gefangenensammelstelle, zur Blutprobe. Sie wurden belehrt: Ich belehre Sie jetzt, Sie kennen das ja aus dem amerikanischen Film ... Das Verbrechen war inzwischen auf Unfallflucht mit Trunkenheit angewachsen.

Das Verfahren wegen Fahrerflucht gegen Frau H. ist schon lange eingestellt. Die Besitzer der Autos, die sie touchiert haben soll, konnten keine Schäden feststellen.

Wenn die keine feststellen konnten, dann ist das deren Meinung, sagt der Zeuge jener Nacht. Sein Auto »persönlich« sei auch schon angefahren worden. Über die Polizisten kann er nichts Nachteiliges sagen.

Frau H. hat behauptet, sie sei gedemütigt worden, fragt ihn die Staatsanwältin.

Aus welchem Grund, fragt er zurück. In keiner Weise,

fährt er fort, sie konnte sich ins warme Auto setzen. Das hat sie nicht angenommen.

Das sieht der Richter ähnlich. Der entscheidende Punkt, sagt er zu der Frau, ist doch der, dass Sie sagten: In den Funkwagen – nein!

Die Polizisten werden nicht gehört. Der Richter redet mit den Anwälten, die reden mit ihren Mandanten. Das Ergebnis: Wenn der Mann 600 und die Frau 1000 Euro an die Landeskasse zahlen, wird das Verfahren eingestellt. Glauben Sie, es ist besser so, sagt der Richter.

Der Mann ist fassungslos: Vielleicht wäre es das Klügste gewesen zu sagen, nachts um halb drei, da mach ich doch nicht auf. Was wäre denn dann passiert?

Das, sagt der Richter, hab ich mich auch schon gefragt.

Sechsundzwanzig

Immer im Bett und nicht in Potsdam

Zuerst einmal wird der Zeuge belehrt. Ein straffer junger Mann vom Arbeitsamt Süd. Er solle nachher die Wahrheit sagen und jetzt vor der Tür warten.

Dann wendet sich der Richter dem Angeklagten zu, einem dieser einst kräftigen Männer, die plötzlich altern und dann irgendwie in sich zusammengeschoben auf dem Stuhl hocken. Es ist der Malermeister Alois, geboren 1949 bei Katowice. Seine Eltern sind Deutsche, sagt er. Aber er hat einen polnischen Nachnamen: Ins Deutsche iebersetzt heißt das Tannenzapfen, sagt er. Ich bin da geblieben, in Polen, ieber dreißig Jahre. Der Vater hatte Arbeit, immer sagte er: Nechstes Jahr, nechstes Jahr. Erst 1984 kam Alois nach Deutschland, die Frau holte er drei Jahre später nach. Zwei Kinder sind schon aus dem Haus, die Jüngste, achtzehnjährig, wohnt noch bei der Mutter.

Sie leben getrennt? Warum?

Wir passen nicht zusammen.

Wie lange haben Sie zusammengepasst?

28 Jahre.

Wer ist ausgezogen?

Meine Frau Joanna. Schreibt sich ohne h und mit zwei n.

Seit wann sind Sie nicht mehr zusammen?

15. Februar voriges Jahr.

Das war traurig?

Mm.

Jetzt leben Sie allein?

Ja. Habe keine Freundin.

Der heute arbeitslose Malermeister Alois Anton Tannenzapfen soll gemeinsam mit seiner Frau, die ihn inzwischen verlassen hat und auch im Verhandlungssaal nicht neben ihm sitzt – sie lässt sich durch einen Anwalt vertreten –, am 6. Mai auf einer Potsdamer Baustelle vier polnische Arbeiter mit Abrissarbeiten beschäftigt haben. Tomasz, Miroslaw, Pawel, Janusz hatten weder Aufenthaltsgenehmigung noch Arbeitserlaubnis. Was sagen Sie dazu, Herr Alois?

Ich sag mal, sagt Alois, wir machen Malerarbeit, nicht Abbruch. Die genannten Personen sind mir nicht bekannt. Die Baustelle in Potsdam ist nicht bekannt. Zu der Zeit haben wir da nicht gearbeitet. Im Februar hab ich Herzschlag gekriegt. Ich war fast tot. Anfang Juni war ich im Krankenhaus, hab ich gewartet auf Herzoperation. Ich war immer zu Hause und im Bett und nicht in Potsdam.

Es soll aber doch im Mai gewesen sein, nicht im Juni.

Vorher war ich schon schwach.

Die Bescheinigung vom Herzzentrum liegt vor.

Alois' Schwäche war die Stärke von Frau Joanna. Weil der Alois vorher wegen Steuerhinterziehung verurteilt war und nicht mehr als zuverlässig galt, hat er seine Frau für das Geschäft eintragen lassen. Frau Joanna war nur Strohmann, also Strohfrau, da geh ich erst mal als Arbeitshypothese von aus, sagt der Richter, damit wir sehen, wie der Fall liegt. Das könnten wir ihr eigentlich erlassen.

Joannas Anwalt will nicht die Einstellung des Verfahrens, er will Freispruch.

Der Richter ist stur: Ich bin nicht für Strohleute, ich will nicht freisprechen. Wer sich eintragen lässt, billigt alles, was passiert. Hören wir den Zeugen vom Arbeitsamt.

Der straffe junge Mann wird hereingerufen.

Was wissen Sie?

Im Speziellen oder im Allgemeinen?

Das Allgemeine können wir uns sparen.

Im Speziellen unternahm das Arbeitsamt im Mai eine Außenprüfung in Potsdam. Ein Eckgebäude, sanierungsbedürftig. Man hat gemerkt, sagt der straffe junge Mann, dass dort gearbeitet wurde, die üblichen Gewerke, Abrissarbeiten, Schwarzarbeit.

Das machen Polen, fragt der Richter.

Ja, Polen.

Der Richter kann das so nicht stehen lassen. Die

machen noch was ganz anderes, sagt er und zählt auf, was Polen in Berlin restauriert haben. Und das Königsschloss in Warschau: Die Deutschen haben es niedergemacht. 1972 war ich dort, erzählt der Richter, da wurde der Grundstein gelegt. Und ein paar Jahre später war ich wieder da und hab es besichtigt. Und hier in Berlin haben sie das Schloss erst abgerissen und schaffen bis heute nicht, es aufzubauen.

So viel zum Abriss als polnische Spezialität. Die Schwarzarbeit wiederum ist Grauzone. Tomasz, Miroslaw, Pawel, Janusz sind wer weiß wo. Alois Anton Tannenzapfen ist ein geschlagener Mann. Krank ist er mit Herzschlag, und die Frau hat ihn verlassen.

Na, manche freuen sich, wenn die Frau wegläuft, sagt der Richter. Beschlossen und verkündet: Das Verfahren wird eingestellt. Zum Zeugen: Sie können gehen.

Ich? Der Mann vom Arbeitsamt ist baff. Erhebt sich ungläubig und verlässt verärgert den Ort seiner geschmähten Zeugenschaft.

Siebenundzwanzig

Nichts als Langeweile

Die Welt ist krank, schrieb einer letzte Woche in der Zeitung angesichts der Hilflosigkeit der Welt gegenüber den Nachrichten von Mord und sexueller Gewalt. Zu dieser kranken Welt gehört, dass sie Bilder auf die Datenbahnen schickt, auf denen Kinder sexuell missbraucht werden. Man kann nicht sagen, es seien Darstellungen jeder erdenklichen Art, weil es die unvorstellbarsten Bilder der Vergewaltigung des kindlichen Körpers und der kindlichen Psyche sind. Und jeder in jedem Winkel dieser Welt kann sich an dieser Vergewaltigung beteiligen, indem er die Bilder betrachtet und sie sich zu seiner Verfügung nimmt. Fast dreitausend solcher kinderpornografischer Bilddateien hatte Sven, der Sohn eines Computerhändlers, auf seiner Festplatte gespeichert und zum Tausch angeboten, als das BKA zugriff. Die Anklage lautet: wegen Besitz und Verbreitung. Der Richter wird später sagen: Als ich die Akte studiert habe, ist mir die Galle hochgekommen. Doch erst einmal fragt er sachlich: Wie gerät man an die Dateien?

Aus Langeweile, sagt Sven. Bin über das Internet drauf gestoßen, es hat mich interessiert.

Wie stößt man darauf?

Man kommt schon über relativ harmlose Suchbegriffe auf solche Sachen. Über das Chat-System wird man dann angesprochen.

Was hatten Sie mit den Bildern vor?

Angucken.

Was haben Sie dabei gedacht?

Leider zu wenig. Es war reine Neugier.

Dann kommen Sie mal vor.

Der Angeklagte, sein Verteidiger und der Staatsanwalt gehen zum Richtertisch und betrachten stumm Bilder, die sich Sven aus dem Netz geladen hatte. Sven will weg, will sich wieder setzen. Bleiben Sie stehen, sagt der Richter, da sind weitere Bilder.

Waren Sie hauptsächlich an Kinderpornos interessiert, fragt der Staatsanwalt.

Ja, sagt Sven.

Sind Sie pädophil?

Ja, ich würde es aber nie ausleben.

Leiden Sie darunter? Haben Sie einen Freund oder eine Freundin? Wie ist denn Ihre Sexualität sonst?

Ich hatte eine Freundin, sagt Sven

Es sieht aber nicht so aus, als ob man ihm glauben sollte. Sven ist ein dicklicher junger Mann mit weichem, konturlosem Gesicht und krankhaft weißer Haut, der mit seinen 29 Jahren noch bei den Eltern wohnt. So einer, der in der Schule von Sportlehrern gerne als schlapper Sack bezeichnet wird. Der frustriert zusieht, wenn die anderen Jungs die Mädchen unverhohlen küssen und befummeln. Einer, den die Mädchen auslachen und links liegen lassen. Einer, der vielleicht immer nur Träume hatte. Einer mit gestörter Sexualität.

Es geht ja darum, sagt der Staatsanwalt, ob Sie vielleicht eine Therapie machen sollten.

Ich kann ganz gut ohne, sagt Sven. Ich brauche es nicht.

Aber es besteht die Gefahr, dass Sie sich wirklich ein Kind nehmen.

Ich kann es mir nicht vorstellen.

Eine vage, sehr vage Antwort. Kein entschiedenes Nein, nicht einmal hier, angesichts der zu erwartenden Verurteilung. Weil Sven es sich sehr gut vorstellen kann. In seiner Fantasie tut er es jedes Mal, wenn er den Computer anschaltet und die Bilder aufruft, keinen anderen Sinn macht das Ansehen solcher Bilder. Die Anklage hat ein paar davon beschrieben: ein Mädchen, in dessen Scheide ein Erwachsener einen Gegenstand einführt, ein Erwachsener, der einem Kind ins Gesicht ejakuliert. Es ist unmöglich, solche Bilder anzusehen und nichts zu empfinden als Langeweile.

Sven kann nicht zugeben, was sich in seinem Kopf abspielt. Sven will nicht denken, er könnte eine Gefahr sein. Das Gericht kann ihn nicht verurteilen für etwas, das lediglich möglich wäre. Der Besitz von Kinderpornos wird vom Gesetzgeber nicht schwerer geahndet als Autofahren ohne Führerschein. Es ist die Frage, sagt der Richter, ob der Gesetzgeber schon wusste, welche Ausmaße das einmal annehmen wird.

Von der rasanten Verbreitung derartiger Bilddateien spricht der Staatsanwalt, die Hemmschwelle, sie zu nutzen, wird immer geringer. Immer mehr und immer schärferes Material wird verlangt. Immer mehr Kinder werden sexuell missbraucht.

Der Richter verurteilt Sven zu einem Jahr und vier Monaten Gefängnis, mit einer Bewährungszeit von vier Jahren. Solange ich hier Richter im Amtsgericht bin, sagt er, werden Sie keine weitere Bewährung kriegen, wenn noch einmal etwas passiert.

Die Dateien sind eingezogen. Psychologischen Beistand lehnt Sven ab. Was wird er tun?

Achtundzwanzig

Arschtritte und andere Probleme

Zuerst sitzt sie allein auf der Wartebank, Astrid, vorgeladen wegen Beleidigung, ein blondes Pferdeschwanz-Mädchen im schwarzen Turnhemd, mit molligen Oberarmen, die Oberschenkel in den schlabberigen Trainingshosen ergießen sich über zwei Sitzplätze. Sie ist viel zu früh da, besser zu früh als zu spät, sagt sie, sie sei das erste Mal vor Gericht. Aber von ihrer Mutter kenne sie das, die kämpfe um den Halbbruder, den habe der Stiefvater mitgenommen nach Bayern, obwohl er das Sorgerecht doch nur bekommen hatte, weil der Kleine in seiner gewohnten Umgebung bleiben sollte, im Haus in Mahlow. Die Mutter, ja, die sei ausgezogen, wegen eines anderen, nein, sie selber wohne nicht bei ihr: Mit meiner Mutter … wir können nicht … das kracht immer. Die Beleidigung, ach, lächerlich, sagt sie und zieht die Mundwinkel nach unten, mein Freund hat gesagt, pass auf, die schicken dich gleich wieder nach Hause.

Ein Mädchen mit brauner Fusselbirne hüpft um die Ecke, pink die Bluse, pink die Flipflops, die braunen

Backen blitzen durch die weiße Hose, sie plumpst auf die Bank, im Abstand zu Astrid, den Kussmund verlegen verzogen.

Wie geht's?

Wie soll's gehen, ich hab zwei Anklagen, einmal mit dir, sagt Astrid. Ich bin schwanger, fünfter Monat.

Vater, fragt Kussmund, derselbe?

Nee, sagt Astrid, geh mir weg. Wenn der die Kleine sehen würde, so was von Locken, der könnte nicht mehr behaupten, sie ist nicht von ihm.

Hast du ein Foto?

Astrid hat nicht, die Kleine ist zwei und in einer Pflegefamilie.

Wo wohnst du?

Bei meinem Freund, in eheähnlichem Verhältnis, betont Astrid und flüstert: Der ist doppelt so alt wie ich, 42.

Huiii, macht Kussmund.

Auf hohen Plateausohlen stapft die Dritte heran, Aufschrei Kussmund: Bist du dünn geworden! Die Dünne, Glitzershirt, Goldgürtel, trägt den blonden Schwanz seitwärts, fünf Zentimeter schwarzes Haar sind ausgewachsen, ihre Rede ist fehlerfrei, aber hart.

Wieso bist du so dünn, fragt Kussmund.

Liegt vielleicht an meinem Freund, sagt die Dünne.

Bist du immer noch mit dem?

Wieder, sagt die Dünne, eh, die hat den doch voll verarscht, der sagt: Ich liebe dich, und die verarscht den, und eh, wisst ihr, wer mich angerufen hat? Glatze, und wisst ihr, was der fragt: Bist du noch mit dem zusammen?

Kussmund kichert. Sie rauchen jetzt alle drei aus Kussmunds Packung. Sie reden über andere. Wer wohnt noch im Heim? Melli ist raus aus dem Mutter-Kind-Haus, betreutes Einzelwohnen, Martina soll es schlecht gehen, die geht auf'n Strich. Jaqueline nimmt Drogen, eh, das kann ich nicht verstehn, hat ein Kind auf dem Arm und kifft 'ne Tüte.

Astrid, Kussmund und die Dünne sind arbeitslos. Kussmund hat Astrid angezeigt, die hat ihr das geliehene Handy nicht zurückgegeben. Astrid sagt, es wurde geklaut. Ich werde es zusammensparen und ihr ein neues kaufen, aber das kann eine Weile dauern. Das hat sie Kussmund auch schriftlich gegeben, das Schriftstück findet sich bei den Akten.

Die Dünne sagt, das mit dem Handy ist zwei Jahre her, ich hab abgetrieben, mein Kind wurde weggenommen, ich weiß nichts mehr. Kussmund und die Dünne sind mit Dank entlassen.

Nun aber zu der Beleidigung. Flittchen, Schnepfe, Hure, Schlampe habe Astrid zu einer gewissen Frau Blume am Telefon gesagt und per SMS: feige Sau. Es war umgekehrt, sagt Astrid, zuerst wurde ich beschimpft.

Frau Blume, Hausfrau, ist 24. Sie sind mit der Angeklagten weder verwandt noch verschwägert?

Gott sei Dank, sagt Frau Blume und wird verwarnt: So nicht bei Gericht!

Die hat bei mir gewohnt, sagt Frau Blume, ihre Mutter hat sie rausgeschmissen. Die war auf der Straße, schwanger. Ich hab sie aufgenommen, sie mit Essen, Trinken, Zigaretten versorgt. Sie hat mal auf meine Kinder aufgepasst, gut, ich hab gesagt, ich mach mit dir die Wege, und wenn du Geld bekommst … Sie wollte nicht. Mein Geld hat nur für Herrn Blume und mich und die Kinder gereicht, ich hab den Herrn Blume jahrelang ernährt, da seh ich auch nichts wieder.

Na, sagt der Richter, der wird ja jetzt anderweitig ernährt.

Im Knast, sagt Frau Blume, mit Recht. Schade, dass es auseinander gegangen ist mit Astrid, sagt sie, aber ich nehme keine Leute auf, die mich in den Arsch treten.

Offenbar passiert ihr aber immer wieder gerade das.

Mit Blume hab ich nur noch ein Kind, sagt sie, das andere ist tot.

Herr Blume, Freigänger aus dem Gefängnis, kann sich an die Beleidigungen von Astrid nicht erinnern. Ich habe andere Probleme, sagt er.

Das ist das Problem, sagt der Richter. Jeder hier hat andere Probleme. Wir eigentlich auch. Und er stellt das Verfahren ein.

NEUNUNDZWANZIG

Schrei ohne Worte

Niemand wünscht sich so ein Ende: Gefangen im eigenen Körper, ausgeliefert einem Steuermann, der nicht der eigene Wille ist, verlustig gegangen der Herrschaft über Blase und Darm, Sprache und Bewegung. Nur der linke Arm und die Stimme gehorchen, der Arm wird zur Abwehr genutzt, die Stimme, um alles zu artikulieren, was Sprache kann: die Bitte um Aufmerksamkeit, die Forderung nach Zuwendung, Schmerz, Wut, Verzweiflung über die entwürdigende Hilflosigkeit, vielleicht den Wunsch, sterben zu können. Die Frau war 85 Jahre alt.

Wenn jemand am Zimmer im Seniorenheim Havelblick vorbeiging – die Tür stand offen –, rief die alte Frau, man solle zu ihr kommen, schreiend, fordernd, jaulend, auf ihre Art: Huhuhuuu. Dann kamen die Pfleger, aber nur, um das Bett zu drehen, damit die Frau nicht mehr in den Korridor sehen konnte. Damit sie ruhig war. Die Pfleger mussten dreißig alte Leute versorgen, sieben davon schwerstpflegebedürftig.

Als die beiden Pfleger ihre Abendrunde machten, fanden sie die alte Frau vollgekotet in ihrem Bett. Sie hatte sich die Windel abgerissen, das machte sie öfter. Es war eine Stunde vor Dienstschluss, 21 Uhr, und hier war noch einmal das volle Programm zu absolvieren: Rein in den Rollstuhl, ab in die Dusche, die Frau waschen, abtrocknen, zurückbringen ins Bett, das inzwischen frisch bezogen werden musste.

Der examinierte Pfleger duschte die Frau, der Helfer richtete das Bett. Jetzt ist der Ex-Pfleger der Körperverletzung angeklagt. Er soll die alte Frau beim Duschen verbrüht haben.

Die Frau, sagt der Pfleger, war sehr unruhig. Sie wehrte ab, schrie. Ich musste sie einseifen, reiben, den Kot abmachen. Ich hatte Einmalhandschuhe an. Die Wassertemperatur habe ich an meinem Puls auf Körperwärme gestellt. So wie es angenehm ist.

Ich vermute, Sie haben die Bilder gesehen, sagt die Richterin und ruft den Pfleger nach vorn. Das ist knallrot, sagt sie. Das sieht aus wie Brandblasen. Wie kann das passiert sein?

Weiß ich auch nicht, sagt der Angeklagte, sie ist Diabetikerin, hat eine empfindliche Haut. Der Mann ist 47 Jahre alt, verheiratet, Vater zweier Kinder. Er war über vierzig, als er seinen Beruf als Anlagenmonteur bei Siemens aufgab und die dreijährige Ausbildung zum examinierten Altenpfleger aufnahm. Er hatte zwei Jahre Praxis, als das mit der alten Frau passierte.

Wie sind Sie mit der Arbeit zurechtgekommen, fragt

die Richterin. Ist es nicht manchmal frustrierend, wenn man zu so einem Bewohner nicht durchdringt? Wenn jemand immer wieder einkotet, einnässt?

Ich bin katholischer Christ, sagt der Pfleger. Es gehört zur Ethik, sagt er, zum Berufsbild.

Die Leiterin des Heims sagt: Der Mann zeigt sich emotionslos, und das ist er auch.

Wo ich dazugekommen bin, sagt der Helfer, war die Temperatur auf einmal wieder o.k., aber ich kann nicht sagen, wie es in den fünf Minuten vorher war. Am Oberschenkel, im Intimbereich, sei die Frau extrem rot gewesen.

Was haben Sie gedacht, fragt die Richterin.

Dass das Wasser zu heiß war.

Haben Sie was gesagt?

Wenn die examinierte Kraft nichts unternimmt …

Die Nachtschwester macht alle zwei Stunden einen Rundgang. Beim zweiten entdeckte sie die Rötung an den Oberschenkeln. Sie dachte, es seien Druckstellen. Gegen Morgen waren kleine Bläschen da. Die alte Frau wimmerte. Sie wurde ins Krankenhaus gebracht. Sie bekam Infusionen zur Stabilisierung ihres Zustandes. Am Abend wurde sie ins Seniorenheim zurückverlegt. Der Arzt hatte Verbrennungen zweiten Grades festgestellt.

Die Richterin ist sich sicher: Der Pfleger hat die Frau verbrüht. Sie ist sich nicht sicher, dass es absichtlich geschah. Der Vorwurf ist so grauenhaft, kann denn das sein, fragt sie. Wasser an und drauf. Zu schnell, zu hektisch, nicht geprüft. Dann merken Sie, Sie haben einen Fehler gemacht. Und räumen den nicht aus. Das war supergrob fahrlässig.

Der Pfleger, bisher unbestraft, muss 3000 Euro zahlen.

Eine Verbrennung für 3000 Euro, schreit der Helfer darauf, überlegen Sie mal, was Sie da sagen!

Dem Pfleger war fristlos gekündigt worden. Der Prozess vor dem Arbeitsgericht endete mit einer einverständlichen Auflösung. Die Vorwürfe des Heims wurden nicht aufrecht erhalten. Der Pfleger erhielt 500 Euro Abfindung und ein wohlwollendes Zeugnis. Sie wissen ja, wie das ist, sagt die Leiterin des Heims, es ging uns darum, das Arbeitsverhältnis um jeden Preis zu beenden. Sie sagt noch: Ich bin 25 Jahre in der Pflege, ich habe so etwas noch nie erlebt.

Die alte Frau ist ein halbes Jahr nach jenem Augustabend gestorben.

Dreissig

Ein ehrlicher Illegaler

Böse Zungen behaupten, von den tausend italienischen Lokalen in der Stadt seien mindestens zwei Drittel unecht, was die Italiener in Küche und Kneipe betrifft. Der Gastronom Alexandre war ein echter, sein italienischer Reisepass bezeugte dies. Alexandre reiste damit hin und her, schloss ordentliche Arbeitsverhältnisse in der Münchner und Berliner Gastronomie ab und zahlte als in Deutschland beschäftigter italienischer Bürger hier Steuern und Beiträge zu Kranken-, Pflege- und Rentenversicherung.

Nur dass Alexandre gar nicht Alexandre ist, er heißt Pentscho und ist Bulgare. Geboren und aufgewachsen in Varna am Schwarzen Meer, am Goldenen Strand, dem Sehnsuchtsort der Ostdeutschen zu Zeiten, als ihre westlichen Schwestern und Brüder in Italien, an Adria und Mittelmeer, Urlaub machten. Und sind die Deutschen inzwischen auch unterschiedslos in ihren Reisemöglichkeiten, so sind es doch nicht die Gastgeber ihrer einstigen Urlaubsländer. Zudem machte der postsozialistische

Goldene Strand mit seinen bescheidenen Verdienstmöglichkeiten für einen netten jungen Gastronomen das Zuhausebleiben nicht gerade aussichtsreich. So zog der Bulgare Pentscho vor fast fünf Jahren gen Westen und wurde Alexandre, der Italiener.

Sein Pass ist echt, aber Pentscho besaß ihn zu Unrecht, er hatte ihn mit einem gefälschten Papier erschlichen. Er habe sich damit einen Vorteil verschafft, sich mehr als vier Jahre illegal in Deutschland aufgehalten. So klagt der Staatsanwalt.

Würde man sich hier im Amtsgericht ein Bild machen wollen darüber, wie Ausländer in dieser Stadt leben, es geriete zum Zerrbild. Denn man sieht nur, die im Licht sind, die der Scheinwerfer der Funkstreifen erfasst hat beim Stehlen und Hehlen und Schmuggeln und Dealen. Solche, die ihren Aufenthalt von vornherein zu kriminellen Taten missbrauchen, oder solche, die zwanghaft und unausweichlich in den Kreislauf geraten sind: keine Aufenthaltserlaubnis – keine Arbeit – kein Geld – Kriminalität.

Es gibt aber auch die anderen, die ihr Dasein so gestalten wie Pentscho, illegal, aber ehrlich, meint Pentschos Verteidiger, es seien Tausende. Sie leben mit gefälschten Papieren, aber mit reinem Gewissen. Als Bulgare ist Pentscho ein zweifacher Gesetzesverletzer – seine Biografie als Italiener ist makellos: Der Registerauszug enthält keinen einzigen Eintrag.

Aber um welchen Preis ist so ein Doppelleben zu haben, fragt der Verteidiger. Immer in Furcht vor Entdeckung durch die peniblen deutschen Behörden, immer dieser Leidensdruck! Ein ehrlicher Illegaler kann keine Familie gründen – schon der Weg zum Standesamt wäre ein Wagnis –, und was sagt er seiner Ehefrau in spe? Und wann ist der beste Zeitpunkt für die Wahrheit? Am Anfang ist es unmöglich – kann er ihr denn trauen? Jeder spätere Moment ist zu spät, das Vertrauen schon verspielt. Vielleicht hat sie sich überhaupt in einen Italiener verliebt, und in Wirklichkeit soll sie das Leben mit einem Bulgaren teilen? Und erst die Kinder, soll man sie vom ersten Lebenstag an belügen und betrügen? Nein, lieber Verzicht auf das große Glück um des kleinen Glückes willen. Jeden Tag zur Arbeit gehen können in das Lokal, in dem die Gäste einen für einen Italiener halten. Geld verdienen, 1400 Euro im Monat, seine Steuern zahlen, Kranken-, Pflege-, Rentenversicherung, brav und unauffällig.

Ich habe immer nur gegeben, nicht genommen, sagt Pentscho.

Er beanspruchte keine Sozial- oder andere Hilfe. Sieht man von den Kosten ab, die die vier Wochen Untersuchungshaft verursacht haben, kann der Staat sich freuen, er macht Gewinn. Der Italiener Alexandre wird niemals Rentner, und der Bulgare Pentscho ist nicht versichert.

Der Staatsanwalt will Pentscho hart bestrafen, er soll ins Gefängnis, neun Monate, ohne Bewährung.

Pentschos Verteidiger hat gleich zu Beginn der Verhandlung erklärt, sein Mandant bekenne sich schuldig. Er wolle so etwas nicht wieder tun. Pentscho bittet um Verzeihung. Sagt: Ich möchte einfach nur zurück nach Hause.

Pentscho wird zu neun Monaten verurteilt, die Bewährungszeit beträgt zwei Jahre. Der Haftbefehl wird aufgehoben. Pentscho muss aber zurück in die Zelle. Sollte dort eine Mitteilung der Ausländerbehörde über seine Abschiebung vorliegen, wechselt er nur die Haftanstalt. Wenn nicht, ist er in einer Stunde frei.

Der Anwalt eilt fort, er hat noch einen Mordprozess. Ein paar Tage hört er nichts von Pentscho. Sein Honorar steht auch noch aus. Eine Woche später meldet sich der Bulgare. Er zahlt seine Schulden. Dann erst verschwindet er von der Bildfläche – ein grundehrlicher Illegaler.

Einunddreissig

Messer am Hals

Am Messer klebt Blut. Siebenundzwanzigmal stieß und schnitt der Täter in das Opfer, in den Hals, die Brust, den Bauch, den Rücken, die Arme, die Beine. In die Luftröhre, die Milz, die Schilddrüsenvene. Ganz am Ende der Verhandlung sagt der Täter: Ich habe geweint und gebetet um ihn. Ich wollte nie, dass es passiert. Ich wünschte, ich könnte die Zeit zurückdrehen.

Das Gericht dreht die Zeit zurück, es muss wissen, wie es zu der »abscheulichen Tat« kommen konnte. Es erfährt die Geschichte einer verhängnisvollen Liebe. Einer ungleichen Liebe unter Gleichen.

Marcus und Stefan sind homosexuell, gut aussehende junge Männer, aber in ihren Temperamenten gegensätzlich wie Feuer und Wasser. Marcus, kultiviert, redegewandt, ist der zärtliche, romantische, verletzbare Typ. Für den Partnerschaft heißt: Ausschließlichkeit, Treue, Verlässlichkeit. Stefan ist der unbekümmerte Laisser-faire-Typ, der die Gelegenheiten nicht auslässt und Verabredungen nicht einhält. Es konnte keine Harmonie werden, auch nicht im Sexuellen. Von Stefan heißt es, er sei experimentierfreudig, von Marcus, er möge bestimmte Praktiken nicht, zum Beispiel Gewalt. Weder sie auszuüben, noch sie zu empfangen. Aber er wollte Stefan gefallen.

Einer kurzen intensiven Beziehung folgte die erste Enttäuschung. Marcus trennte sich, aber er litt. Stefan hatte nicht das Talent zum Leiden, aber er warb um Marcus. Er rief an, schickte E-Mails, schlug Treffen vor. Marcus gab nach. Eine ganze Weile drehte er sich im Teufelskreis von Sehnsucht, Hoffnung, Neuanfang, Trennung, Leid.

Er wollte da raus, den gordischen Knoten durchschlagen. Dass es mit dem Messer passieren würde, wusste er nicht. Er hatte eine kleinere Wohnung gemietet, der Umzug war erledigt, aber für die letzte Nacht in der alten Wohnung hatte sich noch einmal Stefan angesagt. Marcus beschloss: Das soll der Abschiedstag sein.

Das Unglück geschah am nächsten Vormittag. Marcus wollte die Wohnung schon verlassen, aber Stefan zog ihn wieder ins Bett. Einmal hatte er Marcus eine SMS-Nachricht geschickt, eine Fantasie, er wolle erniedrigt und vergewaltigt werden. Jetzt forderte er ihn auf, ihn ans Bett zu fesseln und die Augenbinde festzuzurren. Aber Marcus konnte ihn nicht vergewaltigen oder was immer erwartet wurde. Er bekam keine Erektion. Er hatte Angst, der Freund könne das merken, ihn später als impotent in der Öffentlichkeit demütigen. Marcus wollte doch sexuell kompetent und stolz aus der Beziehung gehen. Irgendwie hatte er das Messer aus der Küche geholt, und irgendwann stach er zu, eine Übersprungshandlung, sagt der Gutachter. Eine Katastrophe wird durch die andere ausgelöscht.

Später erinnert sich Marcus, dass das Messer ohne sein Zutun sein Ziel fand und er erstaunt war, wie leicht es ins Gewebe glitt. Dann ist ein Loch in seiner Erinnerung. In einer Art Stakkato stach er auf Stefan ein. Der wand sich mit allen Kräften und konnte sich schließlich befreien. Als er Marcus das Messer abnehmen wollte, sagte der: Hilf mir doch, ich kann es nicht loslassen.

Jetzt gerät die Situation ins Absurde. Stefan, lebensgefährlich verletzt, ruft die Polizei. Und fragt Marcus: Ja, was sagen wir denen denn? Marcus antwortet: Die Wahrheit. Stefan legt das Messer auf die Fensterbank und geht unter die Dusche. Das viele Blut. Dann bringt man ihn ins Krankenhaus und Marcus ins Untersuchungsgefängnis.

Nun sitzt Marcus auf der Anklagebank. Die Arme liegen als Kreis auf dem Tisch, der Oberkörper ist vorgebeugt, den Kopf hält er leicht schräg, als wollte er ihn gleich in den schützenden Kreis legen. Stundenlang sitzt er so, nur gelegentlich hebt er die Hände gegen die Brust, flach aneinander gedrückt, wie zum Gebet.

Beide, das Opfer und der Täter, hatten Glück, wenn man von Glück überhaupt reden kann: Das Opfer überlebte, der Täter ist »nur« der schweren Körperverletzung angeklagt, nicht des Mordes oder Totschlags, weshalb vor dem Amtsgericht verhandelt wird. Marcus hat auch Glück mit seinem Richter, der die Verhandlung feinfühlig und sachlich führt. Er gibt Marcus drei Jahre, neun Monate und ordnet die Entlassung aus der U-Haft an. Er weiß, wie es Schwulen da drin geht.

Marcus sagt, er habe geweint und gebetet um ihn. Er, Stefan, geht in der Pause vor der Urteilsverkündung zu Marcus, beugt sich hinunter und redet mit ihm. Fast ist zu befürchten, die verhängnisvolle Liebe ist noch immer nicht vorbei.

Zweiunddreissig

Der Nachteil von der Freude

Die Richterin hat alle Hände voll zu tun mit dieser Familie. Sie schwingt ihren Finger mehrmals in Richtung des Stuhls für den Angeklagten und schreit diesen an: Setzen Sie sich hier hin! Der alte Mann kreist mit fragendem Gesicht einmal um seine Achse, dann folgt er dem Finger.

Jetzt zeigt der ausgestreckte Arm der Richterin auf die Sitzreihen vor der Rückwand des Saals: Sie können im Zuschauerraum Platz nehmen, ruft sie der Frau des Angeklagten zu, und es klingt, als wäre die mindestens fünfzig Meter entfernt, aber es sind nur ein paar Schritte. Die alte Frau reagiert nicht. Sie ist damit beschäftigt, ihre Jacke auf den Kleiderständer zu hängen, sie muss dafür ihre Krücken abstellen. Auf die Zuschauerbank, ruft die Richterin, doch die Frau lässt sich auf der Pressebank nieder, eine Krücke fällt krachend zu Boden.

Die Richterin gibt auf, sie muss jetzt den Anwalt zurückwinken, der will es sich gerade in dem Abteil für Gefängnisinsassen bequem machen, das ist durch eine

Barriere vom Saal getrennt, um Flucht zu erschweren. Was wollen Sie denn da drin, ruft die Richterin, und der Anwalt klettert wieder heraus. Er ist der Sohn des Ehepaars, merkwürdigerweise trägt er das Jackett über dem schwarzen Talar.

Der Vater heißt Willi Ferdinand und ist gut achtzig Jahre alt. Kaum beginnt die Befragung zu seinen Personalien, springt er hoch und pflanzt sich vor dem Richtertisch auf, wie ein Schüler, den die Lehrerin nach vorn gerufen hat. Etwas Kindliches ist in seiner kleinen Gestalt, sie steckt in einer langen gelben Windjacke. Hinsetzen, befiehlt die Richterin, und der Angeklagte gehorcht, zieht aber jetzt seinen Stuhl bis zum Richtertisch vor. Aber es wird nicht besser mit der Verständigung.

In Werder geboren? fragt die Richterin.

Alles verloren, sagt Herr Willi.

Jetzt ist die Anklage an der Reihe. Voller Ernst beginnt die junge Staatsanwältin, da springt der Achtzigjährige auf wie ein junges Fohlen und läuft zu ihr hin. Den Oberkörper vorgebeugt, den Kopf in den Nacken gelegt, lauscht er hingebungsvoll mit offenem Mund dem Bericht von seinen Schandtaten. Für einen Moment wird die Staatsanwältin von Lachen geschüttelt, die Anklageschrift in ihrer Hand wackelt. Die Richterin platzt schallend los, der Verteidiger grinst verlegen, im Saal ist Heiterkeit.

Drei Beamte hat der zierliche Alte verwundet, einer trug eine Risswunde am Hals davon, der nächste eine

Schwellung am Kinn, den Dritten schlug ein Tritt in den Magen fast k.o. Dabei lag Willi verletzt am Boden, und sie wollten ihn nur ins Krankenhaus bringen.

Der alte Mann hat der Richterin einen Brief geschrieben, den liest sie jetzt vor, das erleichtert das Prozedere. In ungelenken Sätzen schildert er, wie er an jenem Tag im Garten des Schwiegersohns an der Windmühle gearbeitet hat. Ein Tag voller Freude, teilt er mit. Er freute sich, dass er mit der Arbeit fertig war. Wollte mit dem Bus nach Buckow, stürzte aber an der Bushaltestelle, und im Liegen freute er sich noch immer über seine schöne Gartenarbeit. Irgendwas war mit seinem Kopf, irgendwer rief die Männer von der »lieben Feuerwehr«, da habe er sich wohl benommen »wie ein Zappelphilipp«.

Es ist nämlich so, dass Willi nicht ins Krankenhaus wollte. Bin noch gesund erhalten, sagt er, hab auch noch keine öffentliche Verhandlung gehabt. Krank war ich nie. Keine Medikamente. Höchstens Renni. Wegen der Verdauung. Aber eigentlich klappt die prima.

Keine Details, sagt die Richterin.

Aus Freude hatte Willi ein bisschen Bier und ein bisschen Wein getrunken. Der Alkohol hat mir zu schaffen gemacht, erklärt er: Das war meine Freude, und heute habe ich den Nachteil von der Freude – das Leid. Ich war fünfzehn Jahre in Frankreich, beim Weinbauern, ich hab immer Wein getrunken …

Vielleicht sollten Sie das Bier weglassen, schlägt die Richterin vor.

Ich bin ganz Ihrer Meinung, sagt Willi.

Der Verteidiger nimmt seinen Vater in Schutz. Er sei eigentlich ein friedlicher Mensch, habe es auch schwer mit der kranken Mutter. Wenn er trinke, raste er manchmal aus.

Was tun, fragt die Richterin und hält ein paar rote Akten hoch wie einen Fächer: Ist öfter mal was vorgekommen. Der Verteidiger ist bereit, den Einspruch gegen den Strafbefehl zurückzunehmen, ein Urteil würde teurer. Herr Willi zückt die Geldtasche: Ich kann gleich zahlen. Pfoten weg, kein Geld auf den Tisch, ruft die Richterin.

Willi hakt seine schwerhörige kranke Frau unter und wünscht noch einen schönen Tag. Ich hab nicht gedacht, dass ich mir schuldig gemacht hab, sagt er.

Dreiunddreissig

Ein dicker Hund

Das ist ein dicker Hund, sagt der Richter und meint Hubert, den Herrn des Tieres, und sein Delikt. Der Hund selber ist vor allem groß, eine mächtige Masse Mischling aus Mastino und Deutschem Boxer. Der zugehörige Herr wiederum ist eher ein bunter Hund, wenn man die Einträge ins Strafregister betrachtet, obwohl er sich ganz in Schwarz präsentiert, ein hoch gewachsener Siegfried von fünfzig Jahren, mit Menjoubart und blondiertem Haar, ein braun gegrillter Sozialhilfeempfänger, der als Mann von Welt auftritt. Seine Welt, vielleicht auch nur die halbe, ist die von Hannover, Braunschweig, Helmstedt, Goslar, jedenfalls sind bei den dortigen Gerichten Betrug, Urkundenfälschung, Hausfriedensbruch, vorsätzliche Körperverletzung, fahrlässige Körperverletzung registriert.

Das ist alles wegen meinem Hund, sagt der Herr. Die ganzen Körperverletzungen kommen davon. Der Hund ist auffällig geworden seit Bad Harzburg. In Bad Harzburg ist nämlich alles anders, da laufen viele alte Leute rum, mit Rucksäcken.

Auf die ist der Hund Bonzo aus irgendwelchen Gründen nicht gut zu sprechen, aber eine ausreichende Erklärung ist das nicht dafür, dass er in Berlin einen Pakistani biss, der ohne Rucksack unterwegs war. Herr Hubert hat aber für alles eine Erklärung – der Hund hat sich erschrocken, der Hund hat nur drei Beine, der Hund passt höllisch auf, der Hund ist personengebunden, er ist halt nur bei mir – und gibt wieder einmal ein typisches Beispiel für das große Missverständnis, das die Menschheit in zwei unversöhnliche Teile teilt: die mit und die ohne Hund. Beide Seiten verstehen einander nicht, die Hundlosen sind nicht bereit zu begreifen, dass auch einem bissigen Wesen Verzeihung zusteht, und die Hundebesitzer verstehen nicht, dass die Hundlosen das nicht verstehn. Bonzo hat öfter zugeschnappt. Hätte ich deswegen aus ihm Seife machen sollen, fragt Herr Hubert. Das kann ich nicht, antwortet er. Das ist ein Lebensgefährte.

Man war von Bad Harzburg nach Berlin gefahren, in die Oranienburger Straße, um dort Silvester 2000 zu feiern. Herr Hubert parkte das Auto am Straßenrand, band den Hund an einem Baum fest und öffnete die Kofferklappe. Er belud gerade die Arme seiner Lebensgefährtin und eines Freundes mit den Abendkleidern. In dem Moment kamen Leute, zwei Männer und eine Frau, gingen zwischen den parkenden Autos durch und an Bonzo vorbei. Plötzlich Geschrei: Der Hund hat mich gebissen!

Vom weiteren Hergang gibt es verschiedene Darstellungen. Herr Hubert: Ich sag zu Elke: Schau mal nach. Sie schaut nach und hat kein Blut gesehen. (Der Arzt fand am nächsten Tag einen runden Bluterguss) Sie sagt: Regen Sie sich nicht auf, es ist doch nichts passiert. Einer schubste meine Frau an die Brust. Ich sag: Du, lass das. Der Hund war nervös. Ich hatte ihn an der linken Hand, auf einmal springt er hoch auf die Hinterbeine und zieht mich hinterher.

Die drei Passanten hatten einen anderen Eindruck von der Situation. Sie war bedrohlich, sagt die Frau. Er hat den Hund auf mich gehetzt, sagt der Schwager des Gebissenen. Der Hund schnappte auch bei ihm zu, schlug die Zähne aber nur in die dicken Wintersachen. Ich bin einen Schritt zurück, sagt er, der Mann hat dem Hund Leine gegeben, er hat ihn zurückgezogen, dann wieder losgelassen. Das ging so zehn oder zwanzig Meter.

Zwei Versionen und für den Richter die Frage: Trieb der Herr den Hund oder zog der Hund den Herrn? Er hält die Zeugen für glaubwürdiger als Herrn Hubert, zumal Elke, die Lebensgefährtin, sich nicht gerade klug verhält. Sie übertreibt, erzählt Widersprüchliches, erinnert sich plötzlich nicht mehr und kommt dem Richter pampig. Vielleicht ist sie wütend, dass sie ihr wahres Alter angeben muss, sechzig Jahre, so alt sieht sie gar nicht aus.

Wenn Sie sagen, der Hund hat Sie hinterhergeschleift, haben Sie den Hund nicht im Griff, sagt der Richter zum Herrn, und es sei ein dicker Hund, dass man Bürger über die Straße jage. Herr Hubert habe den Hund als gefährliches Tatwerkzeug eingesetzt, sagt der Richter. Kein Mensch würde sich darüber aufregen, wenn ein Messer oder eine Pistole eingezogen würde, mit einem Tier, so bedauerlich das sei, sei das nicht anders. Der Hund wird eingezogen, sagt der Richter. Was dann aus dem Hund wird, sagt der Richter nicht.

Vierunddreissig

Der liebe Richter

Manchmal, wenn sie über den Markt geht, rufen ihr die Leute nach. Lise, rufen sie, gehste wieder klauen? Herta Elise ist unglücklich: Immer soll ich es gewesen sein, daran sind nur die Zeitungen schuld.

Seit Jahren schreiben sie über Herta Elise, auch ein Foto war schon abgedruckt. Vielleicht ist Herta Elise, geboren 1922 in Schlesien, die älteste Diebin von Berlin, schon unter Hitler, erzählte sie einmal, habe sie im Zuchthaus gesessen, aber sie legt keinen Wert darauf, Rekordhalterin zu sein. Herta Elise weint. Sie schluchzt so heftig, dass sie schon nach den ersten Sätzen abbrechen muss, weil kein Wort mehr heraus will. Dabei hatte sie sich zurechtgelegt, was sie sagen wollte. Dass sie die Tasche mit den achtzig Euro auf dem Markt am Maybachufer gar nicht von dem Kinderwagen der arabischen Frau genommen hatte. Dass sie unschuldig ist.

Herr Richter, mein Leben war nicht grad schön, und nach zwanzig Jahren … Mir geht es darum, dass man als vorbestrafter Mensch gar nichts machen kann.

Herta Elise weint wie ein Kind, hemmungslos, eine Achtzigjährige mit zerknittertem Mädchengesicht und zarter Haut, dem man seine Jugend immer noch ansieht. Vielleicht weiß sie nicht wirklich, dass sie alt geworden ist, sie trägt einen wild gemusterten Anorak, und auch das strohig blondierte Haar hat sie frisiert, als wäre sie achtzehn – überschulterlang, seitlich mit Kinderspangen zurückgenommen, der Pony ist gekraust.

Der Vorsitzende ist neu für Herta Elise. Es geht nach dem Anfangsbuchstaben des Familiennamens, die Buchstaben haben sich verschoben, der vorige Richter hat Herta Elise abgegeben. Ein herber Verlust für die Frau. Sie muss das klarstellen, damit der Neue den Maßstab kennt: Ich hatte einen ganz lieben Richter.

Auf dem Markt am Maybachufer habe sie keine Tasche gestohlen, sie habe eingekauft, sei dann die Schinkelstraße entlanggegangen: Kommt ein türkischer Mann um die Ecke und schreit wie ein Ochs. Fasst mich an und hält mich fest, und meine zwei Beutel mit den Apfelsinen und Zitronen rollen weg.

Warum hamse mich die ganze Straße langgehen lassen? Warum hamse mich denn nicht auf dem Markt angesprochen, fragt sie den Türken. Ich hab mich nicht mal umgedreht, hab mir ja nichts zu Schulden kommen lassen. Der hat mich einfach nicht aus dem Würgegriff gelassen, hat meine Hand umgedreht. Der Polizei sagte der Mann, er hätte gesehen, dass ich da was rausgenommen hab. Kann der von hinten durch mich durchsehen?

Herta Elise bekommt Atemnot, sie faucht und japst, der Richter bietet eine Unterbrechung an, die Verteidigerin will Wasser holen, der Staatsanwalt zieht seine Flasche aus der Tasche unterm Tisch, der Richter läuft nach hinten in sein Kabinett, um einen Becher zu organisieren.

Ich kann mich nicht wehren, sagt Herta Elise, als sie wieder atmen kann. Weil ich vorbestraft bin, und ich weiß nicht wie.

Haben Sie schon früher was gestohlen, fragt der Richter.

Jajaja, sagt die Frau, sie hört etwas schwer.

Dann sagt sie lieber: neineinein.

Weshalb waren Sie denn bei dem lieben Richter? Hatten Sie gestohlen?

Nein, gestohlen nicht.

Also sind Sie immer unschuldig verurteilt worden?

Das letzte Mal hab ich das Geld zurückgegeben. Weil die Tasche alleine in dem Schuhgeschäft stand, hab ich gedacht, ich hab sowieso kein Geld …

Der Türke vom Maybachufer hatte nicht gesehen, wie Herta Elise die Tasche gestohlen hat, er fand die Tasche in einer Pfütze und sah die bekannte Diebin Herta Elise. Die arabische Frau bekam die Tasche mit Pass, Bankkarte, Handy zurück, alles war nass, das Geld war weg.

Der Polizist erzählt, Frau Herta Elise habe versucht, den Verdacht auf andere Personen abzulenken, 'ne junge Dame hier, 'ne junge Dame dort. Auf dem Abschnitt wurde sie – tut mir Leid zu sagen – bisschen frech.

Der Bewährungshelfer sagt, Frau Herta Elise sei aufrichtig bemüht, ihren Richter nicht zu enttäuschen. Sie wolle das nicht mehr machen. Er erwähnt die Diagnose eines Arztes, nach der die Frau so etwas wie ein aussichtsloser Fall ist.

Die Diagnose findet sich aber nicht in den Akten. Frau Herta Elise muss neu begutachtet werden. Das kann dauern. Wochen, vielleicht Monate.

Sie müssen noch mal zum Arzt, sagt der Richter. Für heute ist es vorbei.

Dankeschön, Herr Richter, danke schön, sagt die Frau überglücklich. Auch der Neue ist doch lieb. Oder?

Fünfunddreissig

Der Tod seines Mädchens

Es scheint, als gehörten sie nicht zusammen, der Junge und der Anzug. Nicht, dass der nicht passen würde, aber er sieht trotzdem unpassend aus an dem sportlichen jungen Mann, schwarz und fremd, ein Beerdigungsanzug.

Das Mädchen ist seit acht Monaten tot. Der Junge hat die Vorfahrt missachtet, als er mit dem Seat über die Kreuzung fuhr. Der Mercedes kam von rechts und krachte in die Beifahrerseite des Seat. Dort saß das Mädchen, sein Mädchen. Es war Mittwoch, der 1. November, 23.43 Uhr.

Sie kannten sich von der Schule, in diesem Sommer hatten sie Abitur gemacht, seit zwei Jahren waren sie ein Paar. Der Sommer war vergangen, das Leben wurde ernst. Adrian, adrett und geradlinig, hatte sich für das Lehramtsstudium Sport/Englisch eingeschrieben, er jobbte an der Rezeption eines Fitnesscenters, er machte Karate, trainierte mit Kindern und bereitete sich auf die Prüfung für den Schwarzen Gürtel vor. Dieser Tag, ein Mittwoch, war mit Materialstudien vergangen, Adrian setzte sich immer Ziele für den Tag, er lebte nach Plan. Auch für die Entspannung.

Der Plan für diesen Abend war, Juliane bei ihren Eltern abzuholen und zu Burger King zu fahren, dem billigen Vergnügen im Dreieck der knappen Spaßkultur zwischen Kaulsdorf, Marzahn und Hellersdorf. Schlafen wollten dann beide bei Adrian, auch er wohnte bei den Eltern. Wir hatten am nächsten Tag noch was vor, sagt er.

Am nächsten Tag war das Leben ein anderes geworden.

Julianes Eltern waren schon im Bett, als Adrian kam. Hatten der Tochter vielleicht Tschüs gesagt und: Fahrt vorsichtig, leichthin, wie das Eltern oft tun, weil immer eine diffuse Angst da ist, der aber Besitzergreifung nicht gestattet wird. Die Eltern mochten Adrian, er war schon so was wie der Schwiegersohn.

Um ein Uhr war Juliane tot. Sie starb im Krankenhaus. Adrian wurde operiert, die Milz entfernt. Seine Verletzungen sind heute ausgeheilt.

Der Fahrer des Mercedes, der in den Seat krachte, in die Beifahrerseite, auf der das Mädchen saß, war nur gering verletzt. Er sei aber immer noch unter Schock, sagt er. Es war wie eine Bombe auf mein Auto. Er ist ein kleiner, untersetzter Mann mit grauem Bart. Ein Inder mit deutschem Pass, Textilkaufmann, ein dicker Turban krönt den Kopf. Wie ich zur Besinnung gekommen bin, hab ich das Mädchen gesehen, voll Blut. Es tut mir Leid, sagt er, schon im Gehen, ich habe auch eine Tochter.

Zeuge M., Lagerarbeiter aus Altlandsberg, fuhr hinter dem Mercedes und langsamer als dieser: Mir zitterten die Knie. Das hat so gekracht. Hab ich gedacht, der zehn Sekunden später, ich zehn Sekunden früher – wäre ich dran gewesen.

Wäre, hätte, wie oft wird das gesagt. Biografie ist kein Spiel, es gibt sie nur einmal, ohne Wenn und Aber. Mit dem Zeugen M. war der Zufall gnädig, mit Adrian nicht. Wäre die Karate-Theorie an diesem Abend nicht ausgefallen, hätte er keine Zeit gehabt für Juliane. Wäre er schneller über die Kreuzung gebrettert, hätte er es vor dem Mercedes geschafft. Wäre der Mercedes nicht so schnell gefahren, wäre er nicht in den Seat geknallt. Aber das Mitverschulden des Mercedes-Fahrers tritt hinter Adrians Schuld zurück. Im Plädoyer des Staatsanwalts gerinnt sie zu anklagenden Wortverbindungen: Unbedachter Fahrstil. Gefährlicher Eingriff in den Straßenverkehr. Bedenkenlosigkeit, Fahrlässigkeit, Rücksichtslosigkeit. Aber dennoch: Die Schwere der Schuld und die Schwere der Folgen, das ist nicht dasselbe.

Eine Sekunde Unaufmerksamkeit. Wieso, weiß Adrian nicht mehr. Sein Gedächtnis verweigert die Erinnerung. Es setzt vor Burger King aus.

Nach dem Erwachsenengesetz müsste er zu Gefängnis verurteilt werden oder einer Geldstrafe. Aber: Ein besonnener Erwachsener verhält sich nicht so, sagt der Richter und urteilt nach dem Jugendgesetz, das allein der Erziehung, nicht der Bestrafung zu dienen habe:

achtzig Stunden gemeinnützige Arbeit, Verkehrskurs, neun Monate Führerscheinentzug. Alle sind erleichtert. Er ist doch noch jugendlich, sagt die Mutter. Er will auf zwei Beinen stehen, aber er braucht Rückhalt, sagt der Vater. Die Eltern umarmen Adrian, der kleine Bruder mit dem gegelten Haar streichelt ihm den Arm. Eine nette, adrette Familie, sie drücken dem Anwalt die Hand. Das Leben muss weitergehen, hatte der gesagt. *Sein* Leben muss weitergehen.

Sechsunddreissig

Zum Abschuss freigegeben

Ich hab geheult, ich hab es meiner Freundin erzählt, ich hab es meinen Eltern erzählt. Es war ein Schock, der Vorwurf wegen Vergewaltigung.

Als Andi F. die Frau verließ, dachte er nur an einen verpatzten Abend. Dass sie die Polizei anrufen würde, kam ihm gar nicht in den Sinn. Es war ja nicht wirklich etwas passiert, dachte er. Er hatte sich davongemacht, als sie raus, raus, raus rief. Dann eben nicht, er zog sich in der Küche Hosen und Stiefel an, rauchte noch eine und trollte sich.

Eigentlich, sagt er, hatte er sie nur nach Hause bringen wollen. Eigentlich hatte er seine Freundin schon angerufen und angekündigt, er komme jetzt. Dann ist er doch bei der anderen geblieben. Die Gelegenheit schien günstig: Ich dachte, es wird noch was mit ihr.

Andi, 32 Jahre alt, Betoneinschaler, umgeschult zum Industriemechaniker, dennoch ohne Arbeit, ist ein großer Mann mit flachem Hinterkopf, an dem ein langer Zopf baumelt. Die geraden Augenbrauen in seinem erstaunten Gesicht steigen steil in die Höhe, wenn er über das Unfassbare – die Anzeige – redet.

Es war gelaufen, wie es häufig läuft: eine Geburtstagsparty, viel Alkohol, zwei, die sich nicht kennen, reden, sie heult ein bisschen über ihr beschissenes Leben, über irgendeinen Streit, die kranken Kinder. Hab ich gefragt, ob ich sie nach Hause bringen kann. Hat se nich verneint jehabt, sagt Andi. Sie schloss die Tür auf. Da war auch gleich die Toilette. Is' sie rein, musste sich übergeben. Ich sage: Pass uff, deine Brille. Ist sie noch druffjetreten. Hab ich se hochjehoben, ins Schlafzimmer jebracht, jesagt, dass ich se ausziehe. Sie hat selber ihre Hose ausjezogen. Dann hab ich im Zimmer Kinderbilder anjesehn und Bier getrunken. Dann hab ich mich ausjezogen. Mich dazu jelegt und jedacht, dass ich mit der Tina noch was machen könnte. Ist sie aufgesprungen: Raus, raus, raus!

So berichtet Andi. Der Vorwurf der sexuellen Nötigung ist aber zu massiv, als dass das Gericht sich mit unklaren Beschreibungen zufrieden geben kann. Die Fakten, und seien sie noch so intim, müssen auf den Verhandlungstisch, sachlich brutal. »Er griff in ihren Genitalbereich und zog das Tampon aus der Scheide«, formuliert die Anklage. Der junge Staatsanwalt, im Bemühen um Überkorrektheit, spricht Genital mit z aus – Genizial, wie Initial.

Der Richter muss Fragen stellen, den Ablauf präzisieren: Wie hat sie gelegen? Wo haben Sie gelegen? Neben ihr oder auf ihr? Wann hat sie Nein und Raus gerufen? Erst, als Sie die Brust anfassten?

Zum Äußersten ist es nicht gekommen, darin besteht Übereinstimmung in den Aussagen von Mann und Frau. Auf die Frage nach Verletzungen sagt Tina: Nur seelische. Es scheint aber, sie hat ein paar Leerstellen im Gedächtnis. Sie sei erst wieder zu sich gekommen, als er schwer auf ihr lag und ihre Hände festhielt. Er müsse es gewesen sein, der sie auszog, denn sie hatte ihre Socken nicht an. Und die behalte sie immer an zum Schlafen. Tina, die schlanke Schwarzhaarige mit den schmalen Lippen im unfrohen Gesicht, weint. Sie weint schnell, wenn sie zu viel getrunken hat, aber an jenem Abend sei es nicht zu viel gewesen. Tina weinte auch am Telefon, als sie um 4.18 Uhr die Polizei benachrichtigte. Sie hatte Weinkrämpfe, als die Beamten um 9.30 Uhr die Anzeige aufnahmen. Früher sollten die nicht kommen, hatte sie gewünscht, sie wollte erst ihren Rausch ausschlafen.

Es muss ein heftiger Rausch gewesen sein – hat Andi ihn nicht bemerkt? War er selber zu betrunken, um Tinas Absencen zu registrieren? Wollte er die Situation ausnutzen? Glaubte er, er habe ein Recht dazu, weil Tina ihn mitgenommen hatte? Weil er auf der Party gehört hatte, die nehme jeden? Weil Jens ihm gesagt hatte, die sei zum Abschuss freigegeben?

Seine Meinung bekräftigt jener Jens vor Gericht: Wenn 'ne Frau jemand wie ihn – oder früher mich – mit nach Hause nimmt, kann man sich ja vorstellen, dass sexuell was läuft.

Tina selber behauptet, sie habe nicht gewollt, dass Andi sie begleite. Sie sagt aber auch, sie habe nichts dagegen, wenn jemand sie nach Hause bringe. Nur mit dem, was passierte, habe sie nicht gerechnet. Er solle sie alleine lassen, habe sie permanent gesagt. Das Wort permanent sagt Tina oft und gerne: Ich versuche permanent, mich nicht zu erinnern.

Wer hat Recht? Der Richter will nicht entscheiden, ohne alle Zeugen gehört zu haben. Zeugen für die Nacht gibt es nicht, nur Aussagen von Dritten, denen Tina berichtet hatte. Polizisten und Samir, ein verflossener Freund, dem hatte sie alles erzählt, der hatte sie getröstet. Der Richter will Samir hören. Samir weilt in den USA. Er soll kommen – die Kosten werden selbstverständlich übernommen. Ein leichtes Urteil wird nicht gefällt.

Siebenunddreissig

Anna muss fahren

Anna ist 22, aber ihr Gesicht ist das einer Vierzigjährigen, grau und schlaff, gezeichnet von Verdruss und Enttäuschung, die sich breit machen, wenn der Rausch verfliegt. Anna sitzt und wartet, wartet und sitzt, den Kopf gesenkt, unter den langen Haaren erscheint ihr Gesicht als spitzes Dreieck. Sie war überpünktlich, obwohl es früher Morgen ist, abwesend hockt sie auf der Bank, wie in einen Tagtraum gefallen. Dann erwacht sie, holt aus der Umhängetasche mit dem Tarnmuster ein Beutelchen, legt es auf die Knie, es sieht aus wie die Vorbereitung zum Picknick, sie öffnet es mit müden Bewegungen, als hingen schwere Gewichte an ihren Armen, und dreht sich eine Zigarette. Während sie mit der Zunge das Papier befeuchtet, hebt sich prüfend ihr verhangener Blick – und senkt sich gleich wieder. Es scheint ohne Interesse, was sich außerhalb ihres eigenen Universums bewegt. Doch gerade, als sie den ersten Zug gemacht hat, wird Annas Name aufgerufen, sie steht auf, ein großes junges Mädchen mit langen Beinen, die stecken in braunen hohen

Schnürschuhen, der in Tarnfarben gefleckte Minirock reicht nicht einmal bis zur Mitte der Oberschenkel.

Eine Schwarzfahrt ist noch dazugekommen, sagt die Richterin, sind Sie damit einverstanden, dass wir die gleich mit verhandeln?

Jajajaja, sagt Anna.

Siebenmal bekommt sie nun die Floskel zu hören, mit der das Gesetz die »Erschleichung von Leistungen«, wie Schwarzfahren im Juristendeutsch heißt, umschreibt, siebenmal heißt es, Anna S. hätte ein Verkehrsmittel betreten in der Absicht, das Fahrgeld nicht zu bezahlen. Siebenmal Uhrzeit und Tatort, meist war es die U-Bahn, öfter erscheint der Hansaplatz als die Station, an der sie die Bahn zusammen mit den Kontrolleuren verlassen musste. Man kennt das, sie stehen dann streng herum und notieren die Personalien.

Geben Sie das zu?

Jajajaja, sagt Anna, sie gibt alles zu.

Warum sie das getan habe, wird sie gefragt. Die Antwort ist die aller Schwarzfahrer vor Gericht: Ganz einfach, weil ich das Geld nicht habe. Ich kann mir keinen Fahrausweis leisten.

Für den Antrag auf dem Sozialamt, sagt Anna nebulös, muss ich erst die Steuerkarte zeigen und die hab ich nicht. Welcher Antrag, bleibt unklar. Sie sagt dann noch, sie müsse jeden Tag fahren. Vormittags, sagt sie, bin ich unterwegs, um Metha zu holen.

Von wo nach wo sie muss, sagt Anna nicht. Ihr Bett

steht beim Betreuten Wohnen, sie ist im Methadonprogramm, vielleicht ist es ein weiter Weg von hier nach da.

Die Schwarzfahrten waren aber alle nicht am Vormittag, stellt die Richterin fest.

Ja dann, sagt Anna. Es liegt ja auch so lange zurück, zweitausenddrei. Und jetzt haben wir fünf. Oder vier. Anna korrigiert die Jahreszahl so beiläufig, als sei es ohnehin egal, in welchem Jahr sie sich befindet, die Zeit fließt dahin, ohne Konturen.

Anna könnte doch mit dem Fahrrad fahren, schlägt die Richterin vor.

Für ein Fahrrad hat Anna auch kein Geld.

Müssen Sie eben laufen, sagt die Richterin, der nichts mehr einfällt. Und der Staatsanwalt macht Anna den Vorschlag, bei einer Versteigerung ein gebrauchtes Radl (er sagt tatsächlich Radl!) billig zu erwerben. Im Übrigen seien die Verkehrsmittel der BVG kein Sozialunternehmen, das müsse ihr klar sein, im Gegenteil, die BVG sei sogar ein Zuschussunternehmen; mit dem Geld, das es durch Fahrscheine einnehme, könne es nicht auskommen. Eine überzeugende Argumentation, nur wird sie Anna nicht im Mindesten interessieren.

Hohes Gericht, die Beweisaufnahme hat bewiesen, die Delinquentin ist schuldig. Wenn man ihr auch zugute halten muss, dass sie geständig ist. Der Staatsanwalt beantragt, die Schwarzfahrerin mit sechzig Tagessätzen à zehn Euro zu bestrafen.

Die Richterin sagt, eigentlich wäre auf Grund der Vorstrafen und des Registerauszugs, der 123 Fälle von Gesetzesverletzung aufzählt, eine Gefängnisstrafe mit Bewährung fällig. Doch sie lässt heute noch einmal Milde walten. Sie reduziert sogar den Tagessatz von zehn auf acht Euro.

Was soll ich dazu sagen, sagt Anna. 480 Euro, selbst wenn ich die abarbeiten dürfte, ich weiß gar nicht wie. Auf Annas Konto stehen noch 240 abzuleistende Tagessätze.

Ich bin doch grade dabei, mein Leben zu regeln, sagt Anna, ich will meine Schule machen. Das kann ich vergessen.

Es klingt, als hätte sie schon damit gerechnet, dass das nichts wird.

Achtunddreissig

Vom Winde verweht

Trotz Ring im Ohr und Schnauzer im rosa Gesicht – wie ein Frauenschwarm sieht der Mann nicht aus. Der Hals ist so dick wie der Schädel, gerade wie eine Steilküste geht der Hinterkopf in den Stiernacken über. Etwas wie Zärtlichkeit ist bei dem Typ schwer vorstellbar. Aber man kann sich irren.

Seine letzte Strafe kassierte er wegen Körperverletzung. Er erklärt den Vorfall: Ich hatte mich mit meiner Ex in der Wolle, da hab ich se vom Stuhl hochgehoben, und dann ist sie meines Erachtens unglücklich gefallen.

Schwarzgefahren war er auch noch, dreimal wurde er erwischt. Die Geldstrafe kam teurer als drei Tickets: 750 Euro.

Was haben Sie im Portemonnaie? fragt der Richter vorsichtshalber. Die Antwort ist: Gähnende Leere. Der Mann ist arm am Beutel, zum Ausgleich aber reich gesegnet mit dem, was die Menschheit ihr höchstes Gut nennt: Kinder. Schön. Nur dass dieses höchste Gut die Mäuler aufreißt und Fruchtzwerge haben will, um zu wachsen, und Schuhe braucht, um vorwärts zu kommen, und so manches mehr. Was schwer zu machen ist, wenn das Portemonnaie vor Leere gähnt.

Ich soll Sie bestrafen, weil Sie nicht anständig Unterhalt zahlen, sagt der Richter. Drei Kinder hat Frank S. gezeugt, aber gezahlt hat er nicht. Jedenfalls kaum. Sind das Kinder von einer Frau? Nein, von drei verschiedenen Personen. Frank S. hat seinen Samen weit gestreut.

Einen Beruf hat er nicht gelernt, ohne Arbeit war er öfter. Im Moment bekommt er als Fußballplatzwart 808 Euro im Monat, doch das Projekt läuft bald aus. Das Geld trägt Frank S. nach Hause, zu seiner neuen Frau. Vor einem Jahr hat er geheiratet, die Frau hat vier Töchter.

Kennen Sie die Namen? Er kennt: Anne, Julia, Jenny, Michelle, fünf, acht, zehn, zwölf. Ungefähr stimmt's. Nun aber zu Ihren eigenen. Der Reihe nach:

Die Erste war Scarlett, ist vierzehn Jahre her.

Haben Sie mitgewirkt an der Namensgebung, will der Richter wissen. Nein, Frank weiß nicht, warum der Frau der Name so gefallen hat.

Wann haben Sie sie denn das letzte Mal gesehen, bei der Zeugung?

Nein, zwei Jahre nach der Geburt.

Kriegen Sie keine Brandbriefe von ihr, kein Jugendamt, kein Gerichtsvollzieher?

Nichts dergleichen. Wie vom Winde verweht sind Scarlett und ihre Mutter aus Franks Leben verschwunden.

Das zweite Kind, zehn, wurde Cindy genannt, auch ohne Mitwirkung des Kindsvaters. Wissen Sie, was Cindy heißt? Er schüttelt den Kopf. Das ist 'ne Abkürzung von Cinderella – Aschenputtel. Cindy – Puttelchen. Frank guckt etwas blöd.

Das dritte Kind. Jason-Dieter, den Namen hab ich ausgesucht, sagt der Vater schnell.

Der Richter rauft sich die Haare und liefert eine Kurzfassung der Geschichte von Jason und Medea: Medea wird von Jason verlassen, und dann bringt Medea ihre Kinder um – Paraderolle der Callas. Jason, der Schuft. Danach nennen Sie nun Ihren Sohn. Und wissen nicht, warum.

Jason ist fünf. Wo ist der Jason?

Bei seiner Mutter.

Kriegen Sie Briefe in dieser Sache?

Ja. Vom Jugendamt Köpenick.

Na also: Für Scarlett zahlen Sie nicht. Von Jason werden Sie noch hören, und Cindy wird hier verhandelt.

Das Jugendamt Pankow vertritt Cindy seit 1993. Ein paar Mal hat es geringe Beträge eingezogen, einmal hat Frank S. gezahlt, nachdem man seinen Lohn gepfändet hatte. Er kündigte den Job. Vielleicht, weil er ohne Arbeit an Unterstützung mehr bekommt als übrig bleibt, wenn der Lohn gepfändet wird. Seine Schulden gehen in die Tausende.

Bei Frank S. ist nicht viel zu holen. Der Richter verurteilt ihn zu drei Monaten auf Bewährung und zu symbolischen zwanzig Euro pro Monat, zu zahlen an das Jugendamt. Die vier Töchter seiner Neuen gehen ihn auch was an, sagt er.

Die haben ja auch Väter, widerspricht die Vertreterin des Jugendamtes.

Rechtlich nicht, aber moralisch, sagt der Richter, gehen sie ihn an. Weil er da in Fleisch und Blut vorhanden ist. Mit der Mutter sitzt er zusammen und bespricht alle eingehenden Rechnungen und ausgehenden Bestellungen, die zu unterlassen sind! Keine Versandhäuser mehr! Kinder gehen vor. Und keine neuen Kinder mehr, wenn er für die nicht sorgen kann. Er kann nicht herumfahren und in allen Stadtteilen Kinder zeugen.

Neununddreissig

Die Richtung wird vorgegeben

Das stimmt nicht, ich habe mit keiner Bierbüchse geworfen. Die U-Bahnen fuhren nicht. Nachtbusse auch nicht. Wir wollten nach Hause laufen, aber alles war dicht. Moritzplatz, Kottbusser Tor, Hermannplatz, alles gesperrt. Wir wurden von einer Ecke in die andere geschickt. Wir standen am Oranienplatz, da kam der von hinten und brüllte: Platzverweis!

Daniela, eine blasse junge Frau mit tief liegenden, dunkel umrahmten Augen, war in dieser Nacht mit einem Freund unterwegs zur neuen Wohnung. Wir wollten einfach nur nach Hause, sagt sie, weiter nichts. Es war 0.55 Uhr, aber eine Stunde nach Mitternacht ist der 1. Mai in Kreuzberg noch nicht vorbei. Die Krawalle sind verebbt, die Demonstranten versprengt, doch Kreuzberg ist zu verteidigen über die Nacht hinaus. Als wäre die Schlacht nicht gewonnen, als ginge sie morgen weiter. Erst wenn sie die Plätze menschenleer geräumt haben, dürfen die übermüdeten, überreizten Ordnungshüter abziehen, so ist es von oben bestimmt.

Da war keiner weiter, sagt Daniela. Nur Polizisten. Wo sollen wir denn noch hin, haben wir gefragt. Wir waren doch schon überall. Ich war mit Herrn Schmidt unterwegs, da sagten wir: Okay, warten wir eben und trinken noch ein Bierchen. Und dann kam der von hinten und brüllte: Platzverweis!

Ich habe gezeigt: Ich komme von da und will nach da. Daniela beschreibt einen Halbkreis mit dem ausgestreckten Arm, an dessen Ende sich das Gericht die Bierbüchse vorzustellen hat. Der Polizist habe ihr die Dose aus der Hand geschlagen, sagt sie, die war noch fast voll, und sie hatte das Bier dann im Gesicht und überall.

Die Büchse hat Ihre Hand also nicht verlassen außer, dass sie runtergefallen ist, erkundigt sich der Staatsanwalt.

Genau, sagt Daniela. Sie hob die Bierbüchse auf und bespritzte den Polizisten. Sie war wütend, das gibt sie zu, weil sie selber nass war. Der Polizist habe sie weggeschoben, dann quer über den Oranienplatz gezogen, er habe sie zu Boden geworfen und sich auf ihren Brustkorb gekniet. Sie hatte Schmerzen und einen Schock. Noch heute macht sie eine Therapie.

Der Polizist, ein straffer Beamter Anfang dreißig, muss sich für nichts rechtfertigen. Gegen ihn liegt nichts vor. Im Übrigen hat er nur seine Pflicht getan. Wir hatten den Auftrag, sagt er, am Oranienplatz zu räumen. Wir erteilten Platzverweise, weil es immer wieder zu Ansammlungen kam.

Was passiert, wenn jemand nicht weggeht?

Wenn sie der Aufforderung nicht nachkommen, wird ihnen die Richtung vorgegeben, sagt der Beamte.

Hat Frau Daniela begründet, fragt der Richter, warum sie die Richtung nicht einschlagen wollte? Dass sie zur Wohnung wollte? Wurde diskutiert?

Ich diskutiere grundsätzlich nicht. Ich habe von oben die Weisung, den Platz leer zu machen, und wenn ich mich mit fünfzig Leuten auf Diskussionen einlasse …

Wirkte Frau Z. wie eine versprengte Demonstrantin oder wie eine normale Bürgerin?

Wie sieht eine versprengte Demonstrantin aus? Können Sie mir das sagen, fragt der Polizist zurück.

Hat die Dose die Hand der Frau verlassen?

Sicher. Wieso war ich denn sonst voll Bier?

Die Fragen stelle ich, sagt der Richter scharf. Es könnte ja sein, fügt er etwas sanfter an, Sie haben die Hand mit der Dose nur abgewendet.

Wenn Frau Z. das sagt, ist das ihre Sache. Meine Sache war, in die Richtung zu weisen. Denn es ist nicht ihre Sache, mir mit einer Bierbüchse die Richtung zu weisen.

Wissen Sie, ob es überhaupt in einer Richtung ein Durchkommen gab?

Das müsste die Führung sagen. Ich hab nicht das allseitige Auge, um zu sagen, diese Richtung ist frei. Ich muss den Platz räumen.

Wann wenden Sie Gewalt an?

Wenn sie unserer Aufforderung nicht nachkommen, kündigen wir an, Gewalt anzuwenden. Ich gebe die Richtung vor, wenn sie nicht gehen, werden sie in die Richtung gedrückt.

Wie machen Sie das?

Ich schiebe. Mit offenen Händen. Das mache ich schon seit dreizehn Jahren so.

Er hält die Hände vor den Körper, Handflächen nach außen.

Wie haben Sie Frau Z. geschoben, am Rücken oder an der Brust?

Ich kann mich nicht erinnern.

Hier macht der Richter Schluss. Es ist nachvollziehbar, dass auf beiden Seiten Aggressionspotenzial vorhanden war, entscheidet er. Für Widerstand gegen den Platzverweis soll Daniela sechzig Stunden gemeinnützige Arbeit leisten. Eine Geldstrafe könnte sie sowieso nicht bezahlen.

Vierzig

Der Türke und die Bettlerin

Die Frau trägt Sandalen an den Füßen und helle, verwaschene Socken, und draußen ist Frost. Ihre dünnen Haare haben lange keinen Friseur mehr gesehen. Am Unterarm baumelt wie eine Handtasche eine schwarze Sporttasche mit weißen Paspeln, die hohl in sich zusammenfällt. Ihren dunkelblauen Parka lässt die Frau auch im Warmen an, der lange graue Schal bleibt fest um den Hals gewickelt.

Sie wartet vor Saal 371 auf ihren Prozess. Mit ihr wartet ein junger Mann und stellt Fragen. Die Frau antwortet tonlos, die Stimme leiert wie eine alte Platte. Ich sag immer, sagt sie, ich weiß nicht, wo meine Eltern sind. Ich bin ja bei der Oma aufgewachsen.

Die Frau redet, als ob es noch nicht lange her ist. Sie sieht aus wie sechzig.

Ich hab vier Geschwister, sagt sie, die sind alle jünger. Wo die sind, weiß ich nicht.

Wann haben Sie das letzte Mal den Verband gewechselt, fragt der junge Mann.

Vor zwei Wochen, sagt die Frau. Ich geh gleich hin

in die Turmstraße, ist ja nicht weit. Wenn ich hier rauskomme.

Das wollen wir hoffen, sagt der junge Mann.

Ja, sagt die Frau, war ja nur 'ne Bagatelle.

Lydia K., 45 Jahre alt, hat den öffentlichen Frieden gestört. Sie hat Teile der Bevölkerung beschimpft, heißt es in der Anklage.

Die Teile der Bevölkerung stellen sich als ein türkischer Imbissverkäufer heraus. Die hat ja immer so viele Tüten, sagt der. Die kommt rein, will Kaffee, und ich hör immer Beleidigungen.

Der Türke mochte die Frau nicht in dem Imbiss am U-Bahnhof Ruhleben. Sie vergraulte die Leute, sie verschandelte den Laden. Sie bedrohte seine Existenz.

Er bediente sie nicht. Sie beschimpfte ihn. Es war ein Ritual. Sie verletzten sich gegenseitig.

Meist war Lydia K. betrunken. Manchmal hatte sie kein Geld. Sie war obdachlos, seit fast zwanzig Jahren. Tingelte von Pension zu Pension, ein Dauerzustand der Demütigung. Das Leben hatte keine Verwendung für sie. Sie ging mit ihren Tüten in den Imbiss und forderte Kaffee, Beachtung, Solidarität. Die Solidarität der Außenseiter, Bettlerin und Türke.

Der Türke ist ein ordentlicher Bürger, er zahlt Steuern, er hat eine Wohnung und eine Frau. Zu der sagte er: Ich kann das nicht verkraften. Ich war mit den Nerven fertig, sagt er.

Er wies die Bettlerin ab. Ich soll rausgehen, die verkaufen mir nix, hat er gesagt. Da bin ich bisschen ausfallend geworden, sagt sie. Ich hab die als Ausländer beschimpft. Ich bin als Deutsche beleidigt worden.

Was heißt denn als Deutsche, fragt der Richter.

Man kann doch nicht einfach zum Kunden sagen: Sie werden nicht bedient. Ich fand das erniedrigend.

Wütend und besoffen erniedrigte die Bettlerin den Türken ebenfalls, niedriger sollte er sein, als sie selber es war: Ausländer, Scheißkanake, Adolf Hitler würde euch vergasen.

Der Staatsanwalt sieht die Angeklagte der Volksverhetzung überführt.

Die Angeklagte sagt, an und für sich habe sie nichts gegen Ausländer. Und sie hätte ja nicht wissen können, dass der Türke die Polizei rufe. Der Krieg ging doch schon so lange. Ich entschuldige mich damit, dass ich zu viel Alkohol getrunken hab, sagt sie. Wenn ich getrunken hab, bin ich bisschen anders.

Der Staatsanwalt besteht auf Härte. Lydia K. sei auch immer wieder schwarzgefahren, die Strafen hätten sie nicht beeindruckt. Er fordert Gefängnis, zwar mit Bewährung, jedoch soll sie wissen, dass über ihr das Schwert der Freiheitsstrafe schwebt!

Sie würde ihre Wohnung verlieren, sagt der junge Mann, Frau Lydias Betreuer. Das Sozialamt zahlt nicht für eine leere Wohnung. Der Betreuer hat ihr die Wohnung besorgt. Seit meiner Bestallung, sagt er, ist nichts mehr passiert.

Der Richter weiß, dass Frau K. sich so durchs Leben laviert, immer hart an der Kante. Aber man kann es nicht durchgehen lassen, sagt er. Er verurteilt Frau K. wegen Volksverhetzung und Erschleichen von Leistungen zu sechs Monaten Gefängnis, mit Bewährung.

Frau Lydias Körper fängt lautlos zu zucken an, sie will das Schluchzen unterdrücken, aber es macht sich in kleinen Glucksern frei. Das Zucken wird immer stärker. Die Frau vergräbt das Gesicht in ihren roten Händen.

Der Betreuer ist von seinem Platz aufgesprungen, er kniet jetzt vor der Frau. Sie müssen nicht ins Gefängnis, sagt er. Nicht ins Gefängnis, nicht ins Gefängnis! Zur Bewährung heißt, nicht ins Gefängnis!

Schlagartig hört Frau Lydia auf zu weinen. Ich werde da nicht mehr reingehen in diesen Laden, sagt sie.

Einundvierzig

An einem Mittwoch im Februar

Nun sehen sie sich wieder, an einem grauen November-Mittwoch, die beiden Glücklosen, deren unselige Liaison vor zwei Jahren und neun Monaten so dramatisch beendet wurde, an einem Mittwoch im Februar. Als der Dritte kam und störte, den Mann störte, weil er dessen Verlobte begehrte, sie ihm wegnehmen wollte und dafür erstochen wurde mit einem schnöden Küchengerät. Fleischgabel, Bratengabel, Wurstspieß, Grillspieß, so wird die Tatwaffe in den Berichten bezeichnet, sie hatte zwei lange scharfe Zinken, die drangen in die Schulter, in die Lunge, in den Hals des Dritten, Michi genannt. Michi fiel vornüber und war tot.

Den Dritten hatten sie gerade erst kennen gelernt, vor einem Supermarkt in der Einkaufspassage an der Frankfurter Allee. Es war ein Tag, den man sich am besten aus dem Gedächtnis säuft, weil er genauso trostlos ist wie die anderen. Dass er für den Dritten der letzte Tag wurde, lag an der Eifersucht. Oder am Suff. Oder an der Frau, der Verlobten des Mannes.

Die Frau hört auf den schönen Namen Marie-Luise, fast möchte man meinen, der Name ist das einzig Weibliche an ihr. Das strähnige kurze Haar, der kantige Körper, die eckigen Bewegungen, die tiefe, poltrige Stimme – man muss zweimal hinsehen, um sie nicht für einen Kerl zu halten. Marie-Luise kam zu den Trinkern und trank mit. Als die Geschäfte schlossen, hatte ihr Verlobter Wolf-Dieter fast vier Promille im Blut. Michi und Marie-Luise nahmen ihn in die Mitte und schleppten ihn zu seiner Wohnung. Sie zogen ihn aus und legten ihn auf die Couch.

Der weitere Hergang des Abends, zusammengesetzt aus den Aussagen und Protokollen verschiedener Zeugen, die wiederum auf den Schilderungen der Frau basieren, ergibt sich etwa folgendermaßen: Die Frau und der Fremde tranken. Sie schmusten, er ging ihr an die Wäsche. Der Verlobte auf der Couch döste. Michi ärgerte ihn, sagte, die Frau sei viel zu schade für ihn. Der Verlobte fragte Michi aber plötzlich, ob er seine Frau haben wolle. Michi sagte ja, er müsse vorher nur noch auf die Toilette. Wolf-Dieter hinterher. Dann hörte die Frau das Stöhnen, dann sah sie ihren Verlobten auf Michi einstechen. Lebst du noch ein bisschen, dann mach dich raus aus meiner Wohnung, rief er. Und: Jetzt mach ich den tot. Ich schleif den sein' Kadaver durch die ganze Niederbarnimstraße!

Hör auf, schrie Marie-Luise. In meiner Wohnung gibt's keine Leichen! Sie riss ihm die Fleischgabel aus der Hand und schlug ihm mit der Faust ins Gesicht, dass er zu Boden ging. Sie trat ihn mit ihren schweren Stiefeln, immer und immer wieder – ins Gesicht, auf die Brust, in den Bauch.

Was war das? Rasende Wut über die Leiche in ihrem Haus? Wusste die Frau überhaupt, dass Michi schon tot war? Oder wollte sie ihn davor beschützen, dass der Verlobte auch noch auf den Liegenden einstach?

Das Gericht muss Antwort suchen, denn Marie ist der schweren Körperverletzung angeklagt. Der Verlobte war ins Krankenhaus gebracht worden, Schädel-Hirn-Trauma, Wirbelfraktur, stumpfes Bauchtrauma, Schürfwunden im Gesicht.

Aber war das eine Aggression, vergleichbar den anderen, den Gewalttaten aus nichtigem Grund oder purer Langeweile, wie sie so oft verhandelt werden? Der Gutachter sagt, Marie-Luise neige zur Autoaggression. Sie sei depressiv und suizidgefährdet. Sie leide an Schizophrenie, habe manchmal Wahnvorstellungen. Sie stamme aus einem Alkoholiker-Elternhaus. Er bescheinigt ihr ein mangelndes intellektuelles Niveau.

Wolf-Dieter, der Verlobte, der Getretene, der Totstecher von Michi, ist als Zeuge geladen, und er ist auch Nebenkläger. Man bringt ihn aus dem Gefängnis in den Saal 672 des Amtsgerichts. Sein Prozess fand bereits ein halbes Jahr nach seiner Tat vor dem Landgericht statt, Wolf-Dieter wurde verurteilt – drei Jahre, sechs Monate – nicht wegen Totschlags, sondern wegen vorsätzlichen

Vollrausches. Er konnte sich an nichts erinnern. Sein Gedächtnis ist immer noch leer wie eine ausgetrunkene Flasche: Wir waren einkaufen, ich hab den Rucksack ausgepackt, schon krieg ich einen Schlag auf den Kopf.

Das Gericht einigt sich im Fall Marie-Luise auf eine Nothilfelage, gesteigert zum Nothilfeexzess. Die Frau wird freigesprochen. Vielleicht wollte sie Michi schützen über das erforderliche Maß hinaus. Vielleicht ist sie ja überhaupt schuldunfähig, ausschließen kann man das nicht.

Der Verlobte soll Marie-Luise gegenüber mehrfach gewalttätig gewesen sein. Er habe gedroht, er werde den umbringen, der ihm seine Frau wegnimmt und anschließend auch sie. Marie-Luise will nichts mehr von ihm wissen. Der Verlobte sagt: Marie braucht jemanden, der sich um sie kümmert, sonst passieren Sachen …

Dann bringt man ihn zurück in seine Zelle.

Zweiundvierzig

Der Mann, der kein Büßer sein will

Er will nicht Buße tun. Gegen den Bußgeldbescheid in Höhe von zwanzig Euro hat er Einspruch erhoben. Nun wird verhandelt. Es gehe ihm nicht um die zwanzig Euro, sagt der Mann, ein Diplomingenieur, der in diesem Jahr fünfzig wird und seit fast dreißig Jahren den Führerschein besitzt. Er würde auch mehr bezahlen, eine Spende von hundert Euro meinetwegen, sagt er. Es gehe ihm um das Wort. Buße sei das falsche Wort. Es gebe, sagt er, keinen Grund, diese von ihm zu verlangen: Ich habe nichts zu büßen.

Was ihm vorgeworfen wird, streitet er nicht ab. Ich bezweifle in keiner Weise, sagt er, dass mein Fahrzeug ein anderes Fahrzeug beschädigt hat. Das sei aber passiert, weil er Schlimmeres verhindern wollte. Leben stand auf dem Spiel.

Er hatte sein Auto am Rand der Oranienburger Straße geparkt, dort, wo sie Einbahnstraße ist. Als er dann aus der Parklücke ausscherte, schossen – ich weiß nicht woher, quasi aus dem Nichts – zwei Radfahrer heran. Ohne

Licht (es war Spätherbst, abends gegen neun), aber mit lautem Klingeln forderten sie freie Bahn. Der Herr Ingenieur reagierte, riss das Lenkrad herum und touchierte ein parkendes Auto. Das heißt, er war sich dessen nicht einmal sicher. So fuhr er sein Auto um die Ecke bis zur nächsten Parklücke, lief mit der Taschenlampe zurück, besah sich den Lackschaden, den er angerichtet hatte – die Radfahrer waren längst über alle Berge – und rief die Polizei.

Man könnte sagen, der Mann habe sich vorbildlich verhalten, und das sieht er auch so. Der Schaden am fremden Auto ist durch die Versicherung längst reguliert. Wofür soll er also büßen?

Für sein ordnungswidriges Verhalten, die Richterin verweist auf Paragraph zehn, nach dem er sich beim Ausfahren vom Grundstück oder Fahrbahnrand notfalls einweisen lassen müsse, wenn es unübersichtlich ist wie in der Oranienburger Straße, wo die Szene flaniert und die Straßenbahn auch noch unterwegs ist. Wie theoretisch das ist, brauchen wir nicht zu diskutieren, fügt sie hinzu. Sie versucht, den Mann zu beschwichtigen: Sehen Sie, der Polizeipräsident hat Ihnen geglaubt. Statt sechzig Euro plus Punkte in Flensburg habe er das Bußgeld auf zwanzig herabgesetzt, das spreche doch von geringer Schuld.

Welche Schuld? Und wieso gering? Der Mann versteht nicht. Entweder der Präsident glaubt ihm oder nicht. Ganz oder gar nicht, alles andere ist Blödsinn.

Es gibt Situationen, wo man immer die Schuld hat, sagt die Richterin begütigend, und es klingt fast ein bisschen resigniert. Gegen das Gesetz ist kein Ankommen. Drei Millionen Ordnungswidrigkeiten gibt es jährlich in Berlin, ein Teil davon geht über ihren Tisch, sie kennt sich aus. Spektakuläre Verhandlungen wie die gegen den führerscheinlosen Porschefahrer Semmelrogge Anfang der Woche sind selten und immer noch gut für ein Pausengespräch.

Im Saal 5007 sind die Sachen ein paar Nummern kleiner und die Strafen auch, verhandelt wird im Viertelstundentakt. Die Delinquenten sind nicht prominent. Ein bulgarischer Taxifahrer, der in einer Feuerwehrzufahrt geparkt hatte, weil er nebenan im Bordell was zu erledigen hatte, vier, fünf Minuten, sagt er, was für ein Bordell zwar zu kurz, für das Gesetz aber schon zu lang war.

Ein Rentner aus Kreuzberg, der in eine Sammelanzeige wegen Falschparkens auf dem Bürgersteig geraten war, aber doch nur in der Einfahrt des Gemüseladens gestanden hatte, um Kartoffeln für die Seniorenfreizeit einzuladen.

Der junge Chef eines Landschaftsbaubetriebes, auf dessen LKW ein ungenügend gesicherter Bagger transportiert wurde, er soll es angewiesen haben.

Niemals, sagt der, der kostet 124 000 Euro – wenn der Bagger runterfällt, bin ich pleite. Er kommt mit 35 Euro Strafe davon, das Verfahren gegen den Rentner stellt die

Richterin ein, weil sie seine ehrenamtliche Tätigkeit anerkennt, und der bulgarische Taxifahrer nimmt den Einspruch gegen seinen Bußgeldbescheid selber zurück.

Das empfiehlt die Richterin auch dem Diplomingenieur: Zahlen Sie die zwanzig Euro, wenn ich ein Urteil spreche, wird's teurer. Aber der Mann hat Prinzipien: Solange es Buße heißt, zahle ich nicht. Die Richterin spricht ihr Urteil: Zwanzig Euro wegen fahrlässiger Ordnungswidrigkeit. Sie können Widerspruch einlegen. Aber Ihre Chancen sind gleich Null. Die Rechtsprechung ist irrsinnig hart, sagt sie. Wenn die Leute nicht gerade vom Himmel fallen, ist eigentlich immer der Autofahrer schuld.

Ich habe nichts zu büßen, schreit der Mann. Für das Vorlesen von Paragraphen brauche ich kein Gericht! Sein Kopf ist jetzt dunkelrot, er ist außer sich vor Wut. Paragraphenfuchserei, schreit er, dieser Staat ist Scheiße!

Auswandern, rät die Richterin trocken.

Dreiundvierzig

Vollrausch wegen Claudia

Ick weeß von janüscht mehr, ick war stinkbesoffen. Frank B. ist vierzig und sieht aus wie tot. Hohle Wangen, hohle Augen, die schmalen Lippen unter dem traurigen Schnurrbart bleich, als wenn alles Blut schon aus ihm gewichen wäre. Frank schüttelt vorsichtig den Kopf mit dem langen dünnen Haarschwanz, der auf der gefleckten Tarnjacke baumelt. Die Erinnerung ist weg. Weg, dass er seinem Nachbarn Christian mit einem Hammer die Wohnungstür eingeschlagen, dass er ihm mit der Gaspistole vor dem Gesicht rumgefuchtelt, dass er zweimal abgedrückt hat, weg der Satz: Die Sau mach ich tot. Franks Gedächtnis ist ein dumpfes schwarzes Loch.

Aber etwas hat sich festgesetzt in der unterbelichteten Erinnerungshöhle, ein Schmerz, ein Verlust, ein Verrat, eine schreckliche Wut, die hat er nicht vergessen, die kann er noch erzählen: Weil meine Verlobte, die Claudia, nicht nach Hause gekommen ist die Nacht und weil Christian gequatscht hat, dass sie mit ihm geschlafen hat, und weil's dann auch gleich auf'm ganzen Kotti rum war.

Frank und Christian sind Knastkumpel. Als Christian rauskam, hab ich ihm gesagt, er kann bei mir wohnen die erste Zeit. Da hab ich schon gemerkt, dass er auf meine Kleene scharf ist, das is ja 'ne hübsche Frau, meine Kleene, sagt Frank.

Die Kleene, Claudia, ist mit Highheel-Stiefeln ungefähr einsneunzig, eine Riesenrockerbarbie mit prächtigen Körperformen und einem palmwedeligen blonden Nest auf dem Kopf. Aber das bleiche Gesicht mit dem dunkel gerahmten Kussmund und den fett getuschten Wimpern ist aufgequollen wie eine ins Wasser gefallene Schrippe. Vor der Verhandlung stakst Claudia durch die Gänge des Amtsgerichts, sturzbetrunken, lallt, schimpft, greint. Brüllt nach Frank: Frank, wo bist du?

Frank kommt aus der Toilette: Brüll nicht.

Ich hab dich gesucht, ich dachte, du hast einen epileptischen Anfall.

Du spinnst doch.

Weil du nämlich ein Epi bist, 'n Epi und 'n Alki und 'n Heuli.

Claudia hat 39,5 Grad Fieber, schnieft ins Tempotuch, dreht das Ohr in Richtung der drei Polizisten, die nachher die Vorkommnisse bezeugen sollen und sich die Wartezeit mit ihren Abenteuern verkürzen. Was, ihr habt ein' Hund überfahren? Ihr sollt lieber Mörder und Kinderschänder fangen. Scheißbullen, schreit sie, und die Polizisten sagen: Halt's Maul, Alte.

Als Claudia nach jener Nacht von Christian kam, der

inzwischen eine eigene Wohnung im selben Haus hat wie Frank, war Frank noch ganz ruhig. Aber dann hab ich mir 'ne drei viertel Flasche Schnaps eingepfiffen, sagt er. Und dann setzte die Wut ein und die Kontrolle aus. Frank nahm den Hammer und die Gaspistole und drückte ab.

Frank ist kein Totmacher, er ist ein Trinker. Ein kranker, drogenabhängiger Alkoholiker: Ick trink schon früh, bevor ick die Oogen uffmache, bevor ick zum Arzt geh, mein Methadon holen.

Alkohol und die Droge haben Frank kaputt gemacht, seine Leber und sein Leben. Er hatte keine Chance auf ein anderes, er kannte es nur so. Ein Vater war nicht da, die Mutter Trinkerin. Drehtürpatientin. Kam, wurde entgiftet, ging, trank, kam … Die Liebhaber kamen und gingen auch, und am Ende brachte einer die Mutter um.

Frank hat keinen umgebracht, er hatte Glück, die Gaspistole Ladehemmung. Er sei kein gefährlicher Typ, sagt der Gutachter, schon gar kein konstruktiv planender. Insofern sei auch der Vorwurf des vorsätzlichen Vollrausches abwegig. Frank muss trinken, um sich am Leben zu halten. Zweieinhalb Liter Hochprozentiges am Tag. Und eines solchen Tages wird er sich zu Tode gesoffen haben. Wenn Frank aggressiv werde, dann abrupt, impulsiv. Die meiste Zeit ist er kaum erreichbar, Bewusstseinsstörung, Dämmerzustand. Sehen Sie, er schläft fast, sagt der Gutachter. Frank öffnet die Augen. Und bekommt etwas sehr Schönes zu hören. Dass er nämlich im Grunde seines Wesens ein gemüthafter, warmherziger Mensch sei, und das sei doch etwas sehr Seltenes bei Alkoholikern diesen Formats. Er habe fast immer in einer Beziehung gelebt. Und niemals habe er eine Frau geschlagen.

Für einen Moment herrscht im Saal ergriffenes Schweigen. Dann fordert der Staatsanwalt Freispruch, der Verteidiger schließt sich an, die Richterin ebenso. Die Kosten trägt die Landeskasse.

Auf dem Gang bricht Claudia in Freudengeheul aus und verschwindet mit Frank in der Personaltoilette.